東京学芸大学地理学会シリーズⅡ 第4巻

東京をまなぶ

上野和彦・小俣利男 編

古今書院

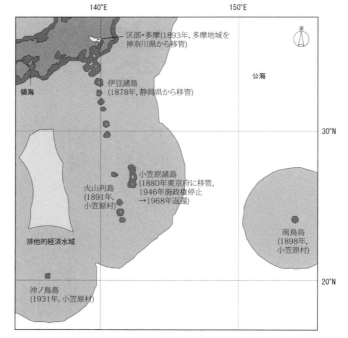

東京の範囲

2018 年現在，東京都は面積 2,193.96km² と，47 都道府県
中で第 45 位の小さい自治体である．一方，東京が管轄する
地理的範囲はとても広い．それは，東京都が本州に位置する
区部と多摩地域のみならず，伊豆諸島，小笠原諸島，さらに
日本最南端の沖の鳥島，最東端の南鳥島などの島しょ部を行
政管轄空間としているからである．

本扉の写真：上野駅，2019 年 8 月

The Geographical Society Tokyo Gakugei University Series II　　Vol.4
Geography of Tokyo Metropolis

Edited by　Kazuhiko UENO and Toshio OMATA

Kokon Shoin Ltd., Tokyo, 2020

は じ め に

　東京は一国としてみると GDP で世界第 16 位（2016 年，都民経済計算年報）に相当し，巨大な生産力をもった都市であることがわかる．東京内部では，日々大量のヒト・モノ・カネ・情報が行き交っている．東京は，第二次世界大戦後の焼け野原から立ち上がり，さまざまな困難を乗り越えて成長し，世界的な都市となった．そして，1964 年高度経済成長のさきがけとしてオリンピック・パラリンピックを開催し，2020 年成熟経済期の証しとして 2 度目のオリンピック・パラリンピックを迎える．それはこの 10 年，幾多の災害を乗り越えて復興しつつある日本の姿を「東京」という場でみせようとする意図もある．災害復興と 2020 年の関係分析は議論の外におくとして，地理学における東京という都市の研究では，世界都市論や首都機能論，都市（地域）構造，都市の階層性など，都市中心論や構造論に焦点があてられ，どちらかというと身近な地域の変化や日常的な生活上の問題を捉える研究はそれほど多くはない．

　1 階がコンビニで，2 階以上にオフィスが入居していたビルのオフィス部分が，外国人対象の日本語学校となり，朝・昼・夕の時間，最寄り駅とその周辺は若い外国人学生であふれ，ここが日本であることを忘れることがある．ワンルームマンションとして新築されたものが，ある日突然宿泊施設に変更される旨の掲示があり，その後民泊施設に改装されて営業が始まった．近隣の高齢者が居住していた古い住宅が売却され，狭小な敷地に 3 階建ての木造住宅や 3 ～ 4 階建て程度のワンルームアパートもできている．そこにどの程度の世帯が入居しているかは，都市ガスの検針機器の数から推察できる．狭小な住宅が撤去されて時間貸し駐車場となり，そして，それに隣接する住宅も売却されて一定の広さの用地が確保されると，9 ～ 11 階建てのマンションが建設される．それにもかかわらず近隣商店街は衰退し，持ち帰り型も含めて若干の飲食店があるものの，買い物は 2 ～ 3 の小・中規模食品スーパーやコンビニに依存する．木造密集住宅地域の解消も時間がかかっている．一方，夫婦だけで経営する間口の狭い，小さなレストランが大通りに面して 40 年以上も営業を継続している．街や地域の景観変化は，きわめて日常的，連続的に進行しているが，注意深く観察していないと突然の出来事のように思える．街と地域の変化から何を読み取り，何が課題となるのかを考察し，その要因を明らかにすることが地理学および社会科教育，地理教育の課題である．

　東京は 1,300 万人の都民が住み，それぞれの人生の一部分としてそのくらしを模索し，生活している．その中には東京生まれもいれば他の府県や外国生まれもいる．さらに，東京と関わりをもって生活する人びとは数千万人に及ぶ．21 世紀の「東京」という時空間を共有する人びとが，日々のくらしを，豊かに，安全に，共に過ごすことはとても重要である．

　ところで本書は東京学芸大学地理学会シリーズ II の『日本をまなぶ』（「西日本編」＜第 1 巻＞，「東日本編」＜第 2 巻＞）の姉妹編となるものである．しかしあえて「東京」のみを取り上げてシリーズ第 4 巻として刊行するのにはもう 1 つの契機がある．1950 年代はじめ東京学芸大学の教員と卒業生が企画・着手しながら幻に終わった「東京研究」がある．それを 30 年後に実現したのが『東京百科事典』（東京学芸大学地理学会 30 周年記念出版専門委員会編，国土地理協会，1982 年刊）である．それ以降数 10 年経過し，2020 年の東京オリンピック開催を契機に「東京」に関する関心が高まっている．本書はあらためて「東

京の基礎・基本」を明らかにするという東京学芸大学地理学会のDNA（遺伝子）を引き継ぐものである.

　そうした経緯を踏まえ，本書は東京という地域の中から社会的・地域的課題を地理学の立場から抽出し，東京の理解をより深めようとする試みである．しかし，東京で起こるすべての事象，地域を対象とすることは到底不可能である．そこで東京の各市町村を個別に記述する地誌的手法を採用せず，生活に密着したテーマを設定してその地域的特徴を記述し，その事例としていくつかの区市町村，町丁を取り上げている．すなわち，本書は多様な東京を議論する糸口であり，そのための若干の素材を提供するものである．大学・高校・中学校・小学校の地理学・地誌学，地歴科，社会科の地理教材，市民や市民グループなどの学習素材として広く活用されることを期待している．

編　者

日本橋（左）と日本国道路元標（右）
道路元標は複製で，実物は道路の中央にある．

目　次

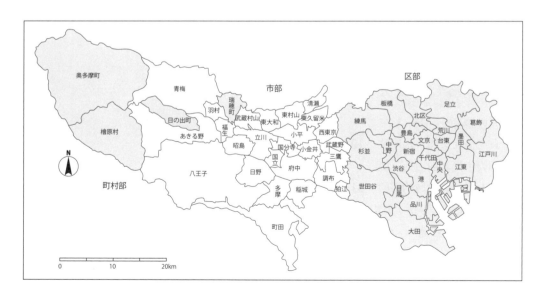

注）本文中の各章節に東京の区市町村に関する分布図等が掲載されているが，見やすさを優先し，区市町村名を入れていない場合が多い．適宜，上図を参照下さい．

第1章　東京の形成

第1節　江戸の城下町

1. 江戸の成立

　江戸城下町の都市構造に関しては，図 1.1.1 のように簡潔かつ明瞭な模式図が提示されている．この図は，江戸時代を通して形成された江戸城下の構成要素である内堀・外堀（図中の太い黒線）や門（見附）・武家地・町人地などを考慮して模式化したものである．江戸の都市構成は，基本的には右回りの渦巻き状の形式を有していたが，江戸開闢の 1603（慶長 8）年までは，図中の破線の範囲が完成していたに過ぎなかった．すなわち初期段階の江戸は，城の内堀を中心として，西は半蔵門から東は隅田川に挟まれた地区でしかなかった．その後，江戸は外堀と五街道の整備や人口増加などによって，次第に周辺に拡大していった．

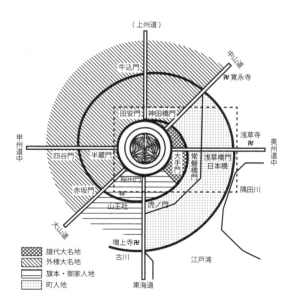

図 1.1.1　江戸城下町の都市構造
出典：内藤（2013），p.122

　城下町としての江戸は，基本的には 1590（天正 18）年の徳川家康の江戸への転封に始まる．確かに，戦国期における太田道灌の江戸城の建築が江戸の形成の発端ではある．しかし，現代の東京における地理的事象の多くは，徳川家による江戸形成が歴史的要因として大きく寄与しているのである．この項では江戸時代初期の都市基盤整備に関して検討する．具体的には，城下町としての防禦整備，生活の場としての基盤整備（飲料水，宅地，交通路）の 2 つに大別して記述する．

　まず城下町における最も重要な防御施設は，堀や門（見附），櫓や多聞である．このうち防禦施設としては，内堀・外堀と見附の建設が最も重要であった．現在の JR 中央線の御茶ノ水駅から四ツ谷駅までの区間では，下り電車の右手車窓に水面をみることができる．これは，江戸時代に形成された外堀の名残である．この外堀は，内堀とともに一度で完成したものではなく，大きく 3 回の時期に分けて形成されたものである．

　第 1 期＜ 1607（慶長 12）年＞では，本丸・二の丸・三の丸の郭内の主要部分を囲む堀および内堀，そして外堀のうち北側の雉子橋（雉子御門）から南西の溜池落口までが完成している．この時期には内堀の大手門も完成している．続く第 2 期＜ 1614（慶長 19）年＞には西丸の修復工事とともに，すべての内堀が完成し，飲料水の供給源である溜池を外堀に転用している．第 3 期において江戸城の最も外側の外堀が完成し，江戸城の外郭を構成するに至った．この第 3 期＜ 1636（寛永 13）年＞には本郷台地を開削し，北から流れていた小石川・谷端川を東流させ神田川として外堀の機能を付した．なお，小石川・谷端川の末

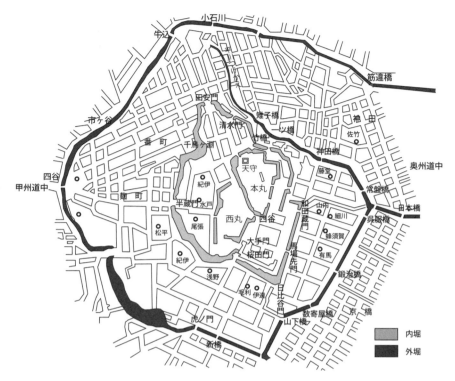

図 1.1.2　江戸城下における内堀・外堀の形成
出典：内藤（2013），p.55 の文字表現を改変

流であった平川（日本橋川）は，現在の水道橋駅の西側から九段下を経て，日本橋・江戸橋方面へと流れ，永代橋付近で隅田川に注いでいる（図1.1.2）.

　外堀の見附は「の」の字を反時計回りの順に，浅草橋門，筋違橋門，小石川門，牛込門，市ヶ谷門，四谷門，喰違門，赤坂門，虎ノ門，幸橋門，山下門，数寄屋橋門，鍛冶橋門，呉服橋門，常盤橋門，神田橋門，一ツ橋門，雉子橋門の順に配置されていた．このうち喰違門のみは高麗門や渡櫓門がなく，土塁のみでできていた．そのほかの諸門は枡形様式で築かれ，石垣を土台とする高麗門と渡櫓門とで構成されていた．『江戸名所図会』（図 1.1.3）には，筋違橋門の様子が描かれており，高麗門と渡櫓門とで囲まれた枡形様式（太い破線内）を見て取れる．しかし，内堀に築かれた諸門と異なり，外堀に築かれた諸門は明治以降に随時撤去され，現在では四谷門をはじめ赤坂門や虎ノ門に土台の

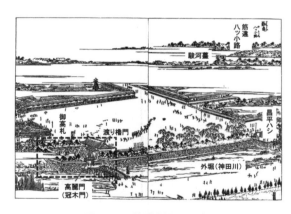

図 1.1.3　筋違橋門の景観
出典：『江戸名所図会』（一部文字・線補入）

石垣の一部が残存しているに過ぎない.

　当時の市街地中心部の造成は，外堀・内堀の形成と密接に関連している．すなわち日本橋の南部地区は，江戸の形成時には日比谷の入江と呼ばれ，当時の江戸湾の最奥部に位置していた．この海面部分は前述のように本郷台地を掘削し，外堀とし

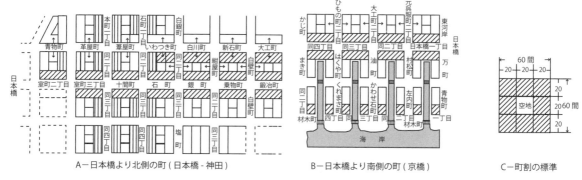

図 1.1.4　江戸城下における町の宅地割
出典：鈴木（2000），p.155

て掘り割りした折に生じた土を用いて干拓したものである．

　次に江戸城下において最初に宅地造成が実施されたのは日本橋の北部地区であった（図 1.1.4）．図 1.1.4-A は，この地区の宅地割を示したもので，表口と裏口がともに道路に面する「京型」と異なり，表口のみが道路に面する「江戸型」と呼ばれる町割であった．各ブロックは四方を道路に面し，1 つのブロックは 60 間四方の形態をとっていた（図 1.1.4-C）．さらに 1 つのブロックは，基本的に 20 間×20 間の 9 つに区分されていた．このため中心部は，道路に面しない「会所地」と呼ばれる 20 間×20 間の空き地となったが，人口増加に伴い共同の井戸を有する長屋地区に変化した．このような基本形態により，地価も間口 1 間×奥行 20 間とする「小間」で決定されていた．

　本郷台地の開削による土によって干拓された日本橋の南部地区では，60 間四方の形態を基本としつつも，荷揚用の河岸地をもつ水路を有していた（図 1.1.4-B）．明暦大火によって，倉庫群が隅田川左岸の本所・深川地区に移動するまでは，日本橋の南部および東部地区が荷物の集積場であった．

　また，人々が生活するためには，飲料水の確保が最も重要な必要条件である．初期の江戸城下においては，北部の小石川や平川，神田川などの小規模な自然河川，南部の赤坂にあった溜池が飲料

水の水源であった．後者の溜池は，「武州豊嶋郡江戸庄図」にも「溜池　江戸上水之水上」と描かれている．しかし，江戸の住民の飲料水としては，これらから得られる飲料水では不足し，北部地域の飲料水確保のために神田上水が建設された．神田上水は井の頭池を水源とするが，その開設において 1590（天正 18）年の大久保藤五郎とする説と寛永年間の内田六次郎とする説がある．いずれにしても関口で神田川の左岸から取水し，水道橋によって神田川を渡して江戸市中へ飲料水を供給した．図 1.1.5 はその景観を示したもので，手前の直線状の橋が神田上水の水を右から左に流す懸樋で，後方に描かれているのが人々が渡る橋である．水道橋の地名の由来は，ここから生じている．

図 1.1.5　神田川を左岸から右岸に越える水道橋付近の神田上水（東から西を眺める）
出典：『江戸名所図会』（一部文字補入）

さらに江戸が政治的・経済的に全国の中心地になるためには，交通網の整備が不可欠であった．1601（慶長6）年の「伝馬宿駅の整備令」に基づき，道路網・宿場町・助郷村などが整っていった．具体的には，東海道（53宿）・中山道（67宿）・日光道中（23宿）・奥州道中（宇都宮宿までは日光道中と同一）・甲州道中（44宿）の五街道の成立である．江戸からの最初の宿場町は，品川宿（東海道）・板橋宿（中山道）・千住宿（日光道中および奥州道中）・新宿（甲州道中）で「江戸四宿」と称された．ただし，甲州道中に関しては初期の段階では，高井戸宿が江戸からの最初の宿場町であった．高井戸宿は中心の日本橋から4里と遠いために，1699（元禄12）年に至り浅草の町人によって宿駅が開設された．この宿駅は1718（享保3）年に一時廃止されたが，1772（安永元）年2月に再開されている．

前掲図1.1.1には，内堀・外堀に建設された諸門と五街道との関係が示されている．甲州道中は半蔵門（内堀）と四谷門（外堀），中山道には神田橋門と筋違橋門（図1.1.2），奥州道中は常盤橋門と浅草橋門で内堀および外堀と交差していた．ちなみに江ノ島や相模国の大山詣でにぎわった大山道は，桜田門（内堀）と赤坂門（外堀）とで交わっていた．

2. 江戸の範囲と拡大

江戸の町数は寛永年間（1624～1645年）の約300町から1679（延宝7）年の"八百八町"に激増した．また人口も1610（慶長6）年には仙台と同じ15万人程度と推定されたが，1695（元禄8）年には町人約35万人，武家人口が約40万人，寺社人口が約5万人で総計約80万人の大都市となり，北は千住から南は品川までのほぼ江戸の原型が形成された．

幕府による参勤交代制度は，譜代，外様いずれの大名にしても1つ以上，江戸に屋敷をもち，多くの家臣を居住させていた．その結果が人口増加と屋敷需要による市街地の拡大である．さらに江戸城下における度重なる火災は，その復旧・復興過程において，過密化した中心部の再開発と周辺地域への拡大を示し，江戸の範囲が拡大される契機となった．

江戸の火災は，1657（明暦3）年の「明暦大火」，1772（明和9）年の「目黒行人坂の大火」，1806（文化3）年の「丙寅の大火」が三大大火と称される．その中で最大規模の被害を与えたのが，本郷の本妙寺を火元とする「明暦大火」で，江戸城や多数の大名屋敷をはじめ，市街地の大半を焼失させ，死傷者10万人以上という大規模な災害であった．

この大火後，1）京橋木挽町の海洲，赤坂・小日向の湿地の埋立による土地拡大，2）江戸の中心部には冬の北西の季節風による火災の延焼を防ぐため，江戸城北西部を中心に防火を目的として拡幅した「広小路」や「火除け地」を整備した（馬場，薬草園も含めて）．3）広い面積を有する大名屋敷（主に中屋敷や下屋敷）は，御三家の尾張，紀伊，水戸とも例外ではなく，外堀の外側に移動させた（尾張・紀伊は麹町，水戸は小石川）．4）同時に江戸の中心部にあった寺社の周辺移転などが進められた．例えば山王社は溜池へ，東本願寺は神田明神下から浅草へ，西本願寺は日本橋から築地へ，霊厳寺は深川へ，吉祥寺も駒込へそれぞれ移転し，そのほかの寺社の多くも浅草・本所・深川など，旧市街地の東・北の方向へ向かった．一方，五街道に沿った地区では町人地が形成され，市街地拡大に役割を果たした．例えば，中山道に沿う地区において，「本郷も兼安までは江戸の内」と称されたのは，このことを示す事例である．

明暦大火の復旧・復興なども契機として，江戸の市街地は次第に外堀周辺地域に広がっていくが，とくに隅田川左岸の向島や本所・深川は水路や上水が整備され，かつての農村地帯は市街地へと転換していくことになった．

本所・深川は，江戸時代初頭に開鑿された小名

木川の舟運と江戸湾の廻船とを結びつける輸送拠点としての機能を果たしていたが，その発展は隅田川下流地域の一部に限定されていた．隅田川には日光道中および奥州道中が通る千住大橋がすでに 1594（文禄 3）年に架橋されていたが，明暦大火直後の 1659（万治 2）年に両国橋が架橋された．この両国橋の東側にある回向院は，明暦大火時の死者を供養するために建立された寺院である．その後，1693（元禄 6）年に新大橋，1698（元禄 11）年に永代橋，1774（安永 3）年吾妻橋が次々と架橋され，江戸時代に「隅田川五橋」と呼ばれた．これによって深川・本所は人口が流入し，発展することとなった．とくに両国橋の架橋以降においても，1660（万治 3）年に小名木川の北側に並行する竪川および北十間川が，またこれと直交する大横川と横十間川が掘削され，この地区の舟運の便が図られた．なお，この地名の「竪」と「横」は，江戸城から東を見て東西方向を「竪」とし，南北方向を流れる水系に対して「横」と称していた（図 1.1.6）.

　この本所・深川地区には，明暦大火以後に江戸の中心部に置かれていた倉庫群が移転した．両国橋のすぐ上流右岸の米蔵や下流部左岸の竹蔵はその代表例であり，幕府の米や建材の貯蔵施設であった．この他，掘削された河川（運河）に沿って樽廻船や菱垣廻船による「下り物」や，房総地域からの肥料（干鰯・〆粕），醤油などの「上り物」の集積場が形成された．こうして，この地は輸送拠点として重要な機能を果たした．図 1.1.6 の斜線で示した地区は，それら荷物の積み揚げ場である河岸地である．

　深川・本所の発展は各種産業発展による人口増にみられるが，それを支えたのが元荒川を水源とした亀有上水（本所上水）である．この上水は，埼玉郡瓦曽根・溜井（現在の埼玉県越谷市大吉・古利根西岸）で取水し，開渠で亀有・寺島・小梅を経て法恩寺橋東に達し，本所・深川方面一帯に給水されていた．明暦大火後，江戸の街は大改修

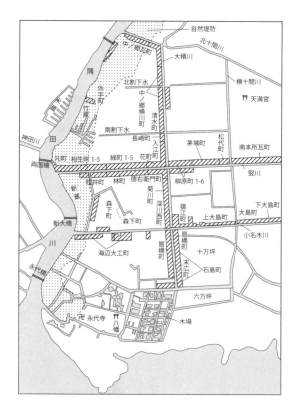

図 1.1.6　隅田川左岸下流部本所・深川地区の都市発展
出典：鈴木（2000），p.279

され，新しく発展した隅田川東岸（本所・深川，いわゆる江東地区）を給水する目的で開かれた上水道であった．

　この間，芝・三田・飯倉から下谷・浅草における土地は町人が増加し，その場所は代官支配から町奉行支配に変更され，本所・深川もまた，1713（正徳 3）年に町並地となり，町奉行管轄となった．1745（延享 2）年には町人の増加によって寺社門前地 440 か所と境内 227 か所が寺社奉行支配から町奉行支配に移管された．この延享年間（1744 〜 1747 年）に江戸は "八百八町" どころか 1,678 町に拡大した．

　ところで江戸の町は寺社門前地，武家地，町人地と分かれていて，それを管轄する部門も異なっていた．しかしながら，江戸の空間的拡大に伴う江戸の範囲，いわゆる「御府内」はあまり明確ではなかった．この経緯を東京都公文書館の HP か

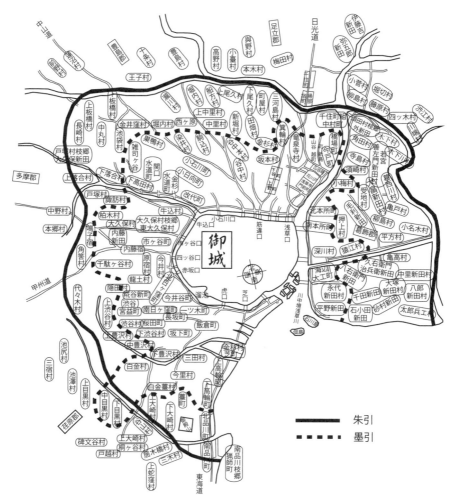

図 1.1.7　江戸の範囲　朱引と墨引
出典：内藤（2010b），p.79

らみると，1818（文政元）年8月に目付から「御府内外境筋之儀」について伺いが出され，12月7日老中阿部正精から「書面伺之趣，別紙絵図朱引ノ内ヲ御府内ト相心得候様」と見解が示されたという．「別紙絵図朱引」は朱引図として公開されている．これによると東は中川，西は神田上水，南は目黒川辺，北は荒川・石神井川下流となり（図1.1.7），以前からの札懸場（変死者，迷い子を高札によって掲示した場所），寺社勧化場（寺社建立・修理のために寄付募金の許可範囲）と一致する．朱引の内側には墨で引いた線が記されていて，「墨引」といわれ，町奉行支配の範囲を示している．

朱引と墨引の間は寺社門前地，寺社門前地内町人地，武家地，多くの農地が含まれている．

江戸後期，江戸の町は現在の区部の中核部とその周辺区を包含した範囲に拡大し，近世における大都市として成長，発展した姿を見せている．しかし，江戸の発展の原動力は政策的な人口集中であり，政策変更，自然災害，火災などによる人口変動は町のあり方に大きな影響を与えてきた．それは産業革命を伴う近代の都市発展と異なる様相であった．

（古田悦造）

第 2 節　近代期の土地利用

1. 近代期の土地利用

　江戸が東京となり，1869（明治 2）年の版籍奉還，1871（明治 4）年の廃藩置県によって江戸（東京）に居住していた武士やその家族，使用人は出身地に帰るものが続出し，人口は半減した．江戸の人口は最大規模で 160 万人といわれるが，明治初期には 50 〜 60 万人程度に減少したという．その結果，主を失った屋敷・土地は荒廃し，明治政府による桑・茶畑政策が行われたこともあった．明治政府にとって中央集権的な政治体制と財政基盤の確立は喫緊の課題であり，版籍奉還・廃藩置県とともに 1872（明治 5）年の地券発行に関する布告と，1873（明治 6）年の地租改正はきわめて重要であった．土地の地券化は武家地，町人地の商品化と流動化を促す役割を果たした．

　明治政府は，未だ不安定な政治・治安状況の中で東京遷都（天皇の皇居入城）を進め，同時に体制確立のための統治機関，社会の近代化と富国強兵のための学校，工場，試験場を整備することが必要であった．周知のように江戸城下町の 70％が武家地であり，それらは城郭の周囲に分布し，町人地は外堀の東と北に展開していた．明治政府は大名の石高に応じて 1 〜 2 の屋敷所有を認めたが，皇居周辺の武家屋敷・土地はすべて接収し，そこに軍とその施設，政府機関を配置した．しかし，1872（明治 5）年の和田蔵門付近から発生し丸の内・銀座・築地に及ぶ大火，また 1873（明治 6）年の皇居火災によって，皇居内屋敷，武家屋敷，町人地家屋の多く，すなわち現在の丸の内，銀座，築地などが焼失した．ちなみに銀座煉瓦街計画もこの火災を契機としている．

　参謀本部陸軍部測量局「東京 5 千分の 1 の地図」（1884（明治 17）年測量，1886（明治 19）年製版）より，明治中期の東京中心部（皇居周辺）における火災から約 10 年後の土地利用状況をみる（図1.2.1 左図）．この地図から読み取れることは，先学らの指摘も含めて以下のようである．

　皇居の東，外堀に囲まれた地域にはほとんど軍関連施設と政府機関が配備されている．前者は広大な面積を占めるものの，ほとんどが兵営，作業場，練兵場などであり，建物密度は低く，土地利用は粗放的であった．皇居内にも歩兵，砲兵，工兵などの兵舎や作業場（①②③④）がみられ，外堀沿いにも東京鎮台歩兵営⑥，陸軍練兵場⑨⑪，陸軍省⑫なども配置され，軍施設の占める割合はきわめて大きい．後者は，皇居の北東部に文部省ⓐ，大蔵省ⓑ，内務省ⓒが配置され，外堀の西側には警視廳ⓠ，司法省ⓝ，東京裁判所ⓟ，大審院ⓞなど，司法関係の施設が置かれた．また，東京に居所がなかった宮家（岩倉邸ⓧ）や，残存する大名邸があり，開国と近代化の証としての外国大使館・公使館，人材育成を担う大学等もみられる．ちなみに外堀の北側に東京外国語学校，東京大学，学習院の名がある．明治中期における東京中心部の土地利用は軍と政府機関に広く占有された状況にあった．しかし，練兵場，作業場も含めた空閑地が広く占め，近代化に対応した土地利用にはほど遠い状態にあった．

　一方，近代国家に相応しい東京の都市計画について検討が続いていたが，東京府知事芳川顕正の時代に東京市区改正条例が公布され（1888（明治 21）年），土地利用計画が具体化することになった．この条例によって内堀内の岩倉邸や宮内庁用地，警視廳用地がある区域は皇居の一区画とされ，中心部は町地とされ，広大な練兵場を含む南部は官公庁区域とされた．また，中心部に展開していた軍関連施設は移転と新設が決定された．しかし，

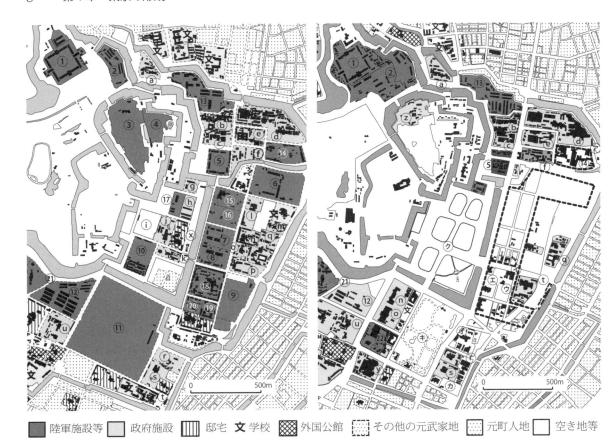

陸軍施設等　　政府施設　　邸宅　文 学校　　外国公館　　その他の元武家地　　元町人地　　空き地等

軍関連施設
①近衛歩兵営　②近衛砲兵営　③東京鎮台工兵作業場・
近衛工兵作業場　④教導団工兵作業場　⑤東京鎮台工兵
営・近衛工兵営　⑥東京鎮台歩兵営　⑦東京鎮台輜重兵営
⑧東京鎮台騎兵営　⑨陸軍練兵場　⑩近衛騎兵営　⑪陸軍
練兵場　⑫教導団歩兵営　⑬陸軍軍馬局・陸軍病馬院　⑭陸
軍倉庫・会計検査院　⑮軍用電信院　⑯陸軍省会計局倉庫
⑰陸軍調馬局　⑱監軍本部・陸軍教導団　⑲東京鎮台
⑳工兵第一方面本部　㉑参謀本部・陸軍省
政府施設
ⓐ文部省　ⓑ大蔵省　ⓒ内務省　ⓓ印刷局　ⓔ農商務省
ⓕ工部省営繕課出張所　⑧内務省図書館　ⓗ東京衛成主
衛　ⓘ警視廳用地　ⓙ宮内省用地・華族会館　ⓚ元老院
ⓛ東京控訴裁判所　ⓜ監獄署　ⓝ司法省　ⓞ大審院　ⓟ東
京裁判所　ⓠ警視廳　ⓡ農産陳列軒　ⓢ鹿鳴館　ⓣ東京府
廳　ⓤ外務省　ⓥ工部省　ⓦ内務省用地
その他
ⓧ岩倉邸
＜1884年 参謀本部陸軍部測量局「東京5千分の1」＞

軍関連施設
①近衛歩兵営　②近衛砲兵営→近衛経理部など　⑤東京鎮
台工兵営・近衛工兵営→憲兵本部　⑫教導団歩兵営→陸地
測量部修技所　⑬陸軍軍馬局・陸軍病馬院→近衛騎兵営
⑭陸軍倉庫・会計検査院→興業銀行など（三菱購入土地）
㉑参謀本部・陸軍省　㉒海軍省
政府施設
ⓐ文部省　ⓑ大蔵省　ⓒ内務省　ⓓ印刷局　ⓔ農商務省→
会計検査院　ⓕ工部省営繕課出張所→特許局　ⓝ司法省
ⓞ大審院控訴院（移転），地方裁判所　ⓠ警視廳（移転）
ⓡ農産陳列軒→帝国ホテル　ⓢ鹿鳴館→華族会館　ⓣ東京
府廳（移転・新設）　ⓤ外務省　ⓨ貴族院，衆議院　ⓩ中
央気象臺
民間事業所など
㋑興業銀行　㋑三菱1号館　㋒郵船会社　㋓商業会議所
㋔鉄道会社　㋕勧業銀行
その他
㋖日比谷公園　㋗皇居内用地
＜1909年 大日本帝国陸地測量部「5万分の1」＞

図1.2.1　明治期東京中心部の土地利用
注）左図は国立研究開発法人農業環境技術研究所によって，迅速図とともにデジタル化され，Web上で公開されている．
https://habs.dc.affrc.go.jp/compare.html 参照.

明治政府や，当該機関である陸軍省は財政難に苦しみ，結果としてその費用を中心部の軍用地を売却することによって捻出することになった．東京

中心部は，明治初期の大火後の復興も遅々として進まず，また兵営や練兵場の移転による跡地利用も進まずに荒地化して地価が下落するなど，陸軍

写真 1.2.1　再建された三菱 1 号館
撮影：上野和彦，2019 年 2 月

省が想定した売却代金を得るのはきわめて困難な
状況であった（中田，1952）．この窮状を救った
のが三菱社の岩崎弥太郎である．三菱は 1890（明
治 23）年に陸軍用地を陸軍省の言い値で購入し
た．しかし，その後も三菱による土地利用は進ま
ず，購入した土地は“三菱が原”と言われるほど
荒廃していた．

　明治維新から 41 年後，三菱の用地購入後約 20
年の中心部における土地利用変化をみる（図 1.2.1
右図）．同左図と比較すると，皇居警備のための
近衛兵営と関連施設①②，近衛騎兵営⑬を残した
が，軍関連施設が著しく減少している．とくに最
大の面積を占めていた陸軍練兵場（図 1.2.1 左図
⑪）は，日比谷公園㋫，司法省㋦，大審院・地方
裁判所㋨，海軍省㉒となった．三菱が購入した用
地には，三菱 1 号館㋐（写真 1.2.1），3，4，5，
7 号館，郵船会社㋒，商業会議所㋓，その周辺に
は東京府廳・東京市役所，警視廳が建設され，い
わゆる“一丁倫敦（ロンドン）”が形成されつつあっ
た．しかし，全体として土地の利用率は低く，依
然として“三菱が原”の状態を継続しているとこ
ろもあった．それでも常盤橋を越えたところに日
本銀行や三井銀行，旧陸軍倉庫・会計検査院の場
所の一部に興業銀行㋔，有楽町には勧業銀行㋛な
どの金融機関，そのほか電燈会社，鐵道会社，帝
国ホテルなどの事業所が見受けられるなど，次第
に近代化に対応した土地利用に移行しつつあるこ

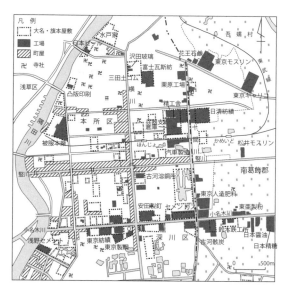

図 1.2.2　明治期城東地域の工業的土地利用
出典：井出（1977），p.22

とを示している．しかし，丸の内が“三菱が原”
から脱し，空閑地が充塡化し，ビジネスセンター
化し始めるのは，1914（大正 3）年の東京駅建
設以降のことである．

　ところで明治政府にとっては富国強兵政策によ
る近代工業化も喫緊の課題であった．官営八幡製
鉄所（福岡県），富岡製糸場（群馬県）がその代
表である．東京においても幕営・藩営を官営化（東
京砲兵工廠，石川島造船所）したり，新工場（赤
羽・深川・品川の工作分局）が設置された．井出
（1977）によると，1909（明治 42）年時点では
中心地区周辺の神田区・日本橋区・京橋区・芝区，
浅草区・下谷区，そして隅田川を越えた本所区・
深川区に工場数が多い．これらのほとんどは小規
模な事業所であり，その後の東京の工業構造に影
響を与えた．一方，中・大規模な民間工場は，後
者の城東地域に立地した．その際，工場用地の 1
つとして利用したのが，かつての大名・旗本屋敷
である（図 1.2.2）．とくに近世期から物流に役割
を果たしてきた小名木川沿いの屋敷跡に多くの工
場（日本製粉，東京製綱，東京印刷など）が立地
した．そしてより広い敷地を求める工場（日清紡

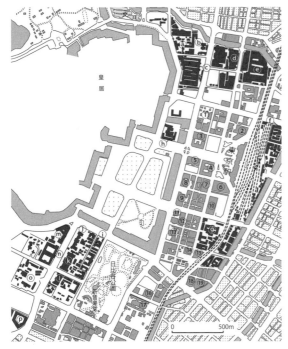

■中央・地方政府機関　■民間企業など　**文**学校
▨その他，かつての武家地，町人地

中央・地方政府施設
　ⓐ中央気象台　ⓑ内閣調査局　ⓒ大蔵省　ⓓ農林省　ⓔ逓信省　ⓕ鉄道省　ⓖ府廳・市役所　ⓗ内閣　ⓘ拓務省　ⓙ司法省　ⓚ大審院　ⓛ海軍省　ⓜ警視廳　ⓝ内務省　ⓞ外務省　ⓟ文部省
民間事業所など
　①興業銀行　②帝国生命　③海上ビル　④丸ビル　⑤郵船ビル　⑥中央郵便局　⑦三菱本社　⑧時事日報　⑨明治生命　⑩三菱銀行　⑪東京商工会議所　⑫東京會館　⑬帝劇　⑭日日新聞　⑮報知新聞　⑯東宝劇場　⑰帝国ホテル　⑱日劇　⑲朝日新聞

図1.2.3　昭和前期中心地区の土地利用
資料：国土地理院1万分の1地形図 假製版，1937年より作成

2. 昭和前期の土地利用

　1908（明治41）年に着工された中央停車場が1914（大正3）年に完成し，東京駅となった．その立地場所は明治末に警視廳の所在地であった．駅舎中央は皇居和田倉門につながる行幸通りに面している．これによって東京駅は丸の内一帯の"中央性"を高め，同時に"三菱が原"を東京のCBDに変容させる大きな契機となった．

　東京駅周辺では，駅施設の北東角に鉄道省が位置し，駅舎の南には中央郵便局がある（現在はリニューアルされている）．東京府廳が鉄道線路敷設によって東西に分断されたが，そのまま1991年の新宿移転まで存続した．丸の内の北，大手町付近は依然として大蔵省，農林省，逓信省などの政府機関が継続立地し，日比谷公園の西は内務省，外務省，文部省，裁判所など，現在のいわゆる霞ヶ関の機能が集積し，そして虎ノ門には警視廳が移転し，丸の内を挟んだ南北地域はまさに政治的なエリアとなった（図1.2.3）．

　さて，三菱が購入し，"一丁倫敦"といわれた丸の内は，明治末に三菱1号館などが建設されたが，その後は空閑地が目立っていた．それが昭和前期には丸の内を代表する丸ビル，郵船ビル，海上ビルが建てられ，そして興業銀行，三菱銀行，明治生命，帝国生命などの金融機関，三菱本社，日本郵船など，当時の日本を代表する企業が立地し，オフィス街としての体裁を整えている．また，丸の内南には，日日新聞，報知新聞，朝日新聞などの新聞社が立地し，報道機関の集中も顕著である．また，丸の内の南は明治期以来の帝国ホテル，そして帝劇，東宝劇場，日劇など娯楽施設も立地した．

　かくして東京駅の建設を端緒として，大手町から丸の内，霞ヶ関，現在の有楽町一帯には政治・経済の中枢管理機能を担う官公庁と企業が集中し，"三菱が原"は日本の中心となった．

　　　　　　　　　　　　　　　　　　（上野和彦）

績，東京モスリン，日本精糖など）は，東に広がる農村地域に進出した．しかし，東京と周辺農村に展開する工場は，資源・化学関連工場を含むものの，多くは食品・紡績・織物・ガラス工場など軽工業である．

　明治末における東京の工業的土地利用は都市空間の拡大に若干貢献したものの，かつての町屋・武家地を利用したり，空閑地を充填する形態であった．

第3節　行政区域の変遷

　1868年，明治維新政府はかつての江戸城下を管轄する江戸府を設置し，同年江戸は「東京」に改称され，東京府となった．当時の東京府の地理的範囲はいわゆる江戸市中であり，だいたい江戸墨引内町地に相当した．1871年廃藩置県が施行されると，東京府は従来の範囲に加えて，かつての朱引地に相当する武蔵国荏原郡と豊島郡，足立郡，葛飾郡のそれぞれ一部と多摩郡を管轄区域とした．一時期，現中野区，杉並区に相当する区域は神奈川県に移管されたが，1872年再び東京府に移管された．一方，多摩郡は1878年に西多摩郡，北多摩郡，南多摩郡（多摩郡は廃止．以下，三多摩）として神奈川県の管轄に変更された．当時の多摩郡を構成する行政体は「村」が大部分であったが，小さい村々がいくつか集まり，行政組合を結成する場合もあった．ともあれ多摩郡の行政管轄の変更によって，東京府の範囲は再びかつての江戸市中を含む朱引で示す地域となった（前掲図1.1.7参照）.

　さて，東京は「郡区町村編制法」（1878年）によって，府内の中心地区を東京市とし，それを15区に分割した（図1.3.1左）．この範囲は現在の都心3区と新宿区，文京区，江東区，台東区，墨田区の一部である．東京市（15区）以外は，荏原郡，東多摩郡（旧多摩郡域の一部），南豊島郡，北豊島郡（いずれも旧豊島郡），南足立郡（旧足立郡），南葛飾郡（旧葛飾郡）の6郡から構成された．1891年に埼玉県新座郡榑橋村・新倉村字長久保が北豊島郡に編入されて区域が拡大した．1896年に南豊島郡と東多摩郡が合併して豊多摩郡となった．そして1932年，15区周辺の荏原郡，豊多摩郡，北豊島郡，南足立郡および南葛飾郡の5郡82町村は東京市の新しい20の区として再編成されることになった．その結果，東京市は35区となり，郡という行政区画は消滅した（図1.3.1右，表1.3.1）.「郡」は1878年の法施行以

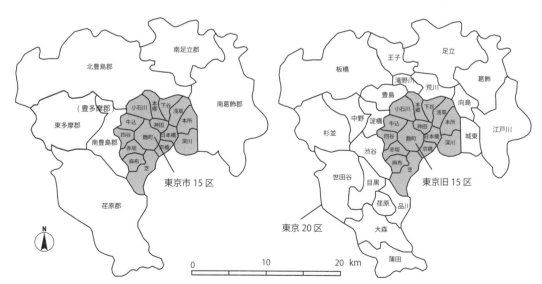

図1.3.1　左：東京15区と6郡（1893年），右：東京15＋20区（1932年）
注）伊豆諸島，小笠原諸島など，島しょ部は除く．
資料：東京都公文書館「東京の行政区画〜大東京35区物語」
（http://www.soumu.metro.tokyo.jp/01soumu/archives/0714gyosei_kukaku.html）より作成

表 1.3.1　東京府　郡から 20 区へ

郡	新 20 区に所属する町・村
荏原郡	品川区（品川町，大井町，大崎町），荏原区（荏原町＜平塚村，1927年＞），目黒区（目黒村，碑衾町），大森区（大森町，入新井町，馬込町，池上町，東調布町），蒲田区（蒲田町，矢口町，六郷町，羽田町），世田谷区（世田ヶ谷町，駒沢町，松沢村，玉川村，後に砧村，千歳村）
豊多摩郡	中野区（中野町，野方町），杉並区（杉並町，和田堀町，井荻町，高井戸町）淀橋区（淀橋町，大久保町，戸塚町，落合町），渋谷区（渋谷町，千駄ヶ谷町，代々幡町）
北豊島郡	豊島区（巣鴨町，西巣鴨町，長崎町，高田町），滝野川区（滝野川町），王子区（王子町，岩淵町），荒川区（南千住町，三河島町，日暮里町，尾久町），板橋区（板橋町，上板橋村，志村，赤塚村，練馬町，上練馬村，中新井村，石神井村，大泉村）
南足立郡	足立区（千住町，梅島町，西新井町，江北村，舎人村，伊興村，淵江村，東渕江村，花畑村，綾瀬村）
南葛飾郡	向島区（寺島町，隅田町，吾嬬町），城東区（亀戸町，大島町，砂町），葛飾区（本田町，奥戸町，南綾瀬町，亀青村，新宿町，金町，水元村），江戸川区（小松川町，松江町，瑞江町，葛西村，鹿本村，篠崎村，小岩町）

注）豊多摩郡は東多摩郡（中野区，杉並区の範囲），南豊島郡（淀橋区，渋谷区の範囲）の合併により成立.
資料：http://www.soumu.metro.tokyo.jp/01soumu/archives/0714ku_jinkou.pdf より作成

図 1.3.2　東京府に編入された時期の多摩地域の町・村行政組合（1893 年）
出典：東京市長会「多摩・島しょ自治体変遷一覧」（https://www.tokyo-mayors.jp/soshiki/jichitai.html，
2019 年 6 月 13 日最終閲覧）より作成

来，郡長と郡役所が置かれたが，行政の煩雑さ等から 1923 年に廃止され，行政区画としての名称だけが残存した．しかし，それ以降も事務処理の引き継ぎ等もあり，上位の府あるいは都の出先機関が存続した．ちなみに東京都では 1971 年に多摩市，稲城市が市制を施行して南多摩郡と北多摩郡という行政区画・名称がなくなった．現在西多

摩郡だけが残っているが，行政上の意味はない．区部の中でかつての郡名を想起させるのは学校名などであり，杉並区の豊多摩高校，豊島区の豊島高校，葛飾区の南葛飾高校などがある．
　ところで東京府は，1878 年に静岡県から移管された伊豆諸島，さらに南の小笠原諸島（1880年），硫黄島等の火山列島（1891 年），南鳥島

表 1.3.2　東京都と特別区（23 区）の関係

年	適用法	区長選出方法	特別区の位置づけ	主たる変更事項	都知事
1947 年	自治法の施行	公選制	原則として市に関する規定を適用	・従来から都が処理していた事務の多くは引き続き都が行う ・財政調整制度	安井誠一郎
1952 年	自治法の改正	議会選任制（都知事の同意）	大都市の内部的な特別地方公共団体	・特別区の事務は義務教育，公園等の 10 項目に制限 ・これ以外の一般の市の事務は都が処理すること ・特別区財政調整交付金	安井誠一郎
1965 年	自治法の改正	議会選任制（都知事の同意）	大都市の内部的な特別地方公共団体	・特別区の事務は限定列挙から一部例示列挙に改められる ・特別区財政調整制度	東龍太郎
1975 年	自治法の改正	公選制	大都市の内部的な特別地方公共団体	・特別区は都に留保されたものを除き，原則として一般の市の事務及び保健所設置市の事務を処理する	美濃部亮吉
2000 年	自治法の改正	公選制	基礎的な地方公共団体	・一般廃棄物の収集・運搬・処分の事務などが都から移管 ・配置分合等の手続きの改正 ・特別区財政調整交付金の原資である調整財源の法定化 ・都からの税源移譲等	石原慎太郎

出典：都政の仕組み / 都と特別区（http://www.metro.tokyo.jp/tosei/tokyoto/profile/gaiyo/shikumi/shikumi08.html）に補筆

（1898 年），沖の鳥島（1931 年）など，島しょ部を管轄区域とすることになった．また，以前神奈川県に移管されていた三多摩も 1893 年に再び東京府に移管され，1907 年には埼玉県北足立郡保谷村が北多摩郡に編入され，東京府はほぼ現在の範囲となった（図 1.3.2）．これによって東京府の行政管轄空間は著しく拡大し，東京府は東京市 35 区と多摩地域と島しょ部から構成されることとなった．東京は戦時下の 1943 年，「東京都制」を施行し，東京府と東京市は廃止されて東京都が成立した．

日本は 1945 年 8 月，第二次世界大戦の終戦を迎えた．それ以来，連合国軍の占領，監視下にあった．そうした中，日本は 1947 年 5 月に『日本国憲法』を施行し，一部の権限を除いて施政権をもち，1952 年のサンフランシスコ講和条約以降は主権を回復した．そして日本国憲法の公布と同時に「地方自治法」が施行され，東京都は戦前段階の都心とその周辺からなる 35 区を 23 の特別区に再編成した．特別区は，一般の「市」と同様，基礎的な自治体であるが，1952 年の「地方自治法改正」では都の内部的な団体とされ，実際には

多くの事務権限が東京都に残され，区長の公選制も廃止された（表 1.3.2）．その後，特別区は自治権拡充運動を展開し，「地方自治法改正」（2000 年）によって 23 区は「基礎的な地方公共団体」と明記され，区長の公選制も実施されることになった．一方，北・南・西の各多摩郡に属する町村も新たな市町村制に移行し，また，町村合併などによって市制に移行する自治体も数多く現れた．

なお，島しょ地域では，伊豆諸島が 1946 年 1 月に施政権が停止されたが，同年 3 月には解除された．しかし，小笠原諸島は，1952 年のサンフランシスコ講和条約締結以降も連合国軍の施政下におかれ，その返還は 1968 年まで待たなければならなかった．そして施政権返還後 50 年経った 2018 年においても，米軍・自衛隊基地がある硫黄島など，未だに旧島民の帰還が許されない島々がある．

東京は 1960 年代後半にようやく現在の行政管轄区域をほぼ確定させたが，未だに他県あるいは区市町村の間で境界が確定していない場所もある．

（上野和彦）

第2章　人口と土地利用

第1節　人口の変化

1. 人口の推移と分布

　東京の人口は，第1回国勢調査（1920年）で369万9,428人を数えた．そして95年後の2015年に1,351万5,271人となり，第1回調査時人口の約3.7倍に増加して，巨大な人口を擁する大都市に成長した．この間の人口増減について概観する．

　東京の人口は1920年から1940年にかけての20年間に2倍に増加して都市の成長をみせたが，

第二次世界大戦によって中断された．1945年の戦争終結から1955年にかけての復興期は人口増加が著しく，1950～60年における5年ごとの増加率は20％を上回り，1965年には1,000万人を超えた．いわゆる第一次ベビーブームによる自然増加率の高さと戦争で拡散していた人口の東京回帰である．

　1960年からの高度経済成長期は，絶対的な人口増加がやや鈍化し，5年ごとの人口増加率は最大でも4％程度に低下した．それでも人口の対全

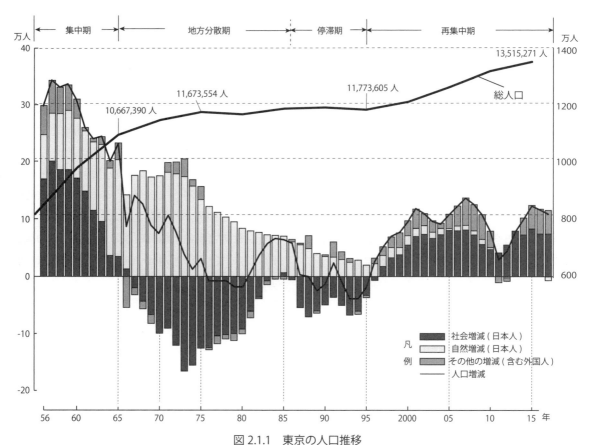

図 2.1.1　東京の人口推移

出典：東京都の統計『人口の動き 結果の概要』2017年，PDF版に加筆

国比は上昇し，1965 年に 11.0％を示して東京への一極集中が顕著となった．一方，東京への一極集中は公害問題，過密化などの都市問題を発生させ，人口と企業の地方分散化政策が進められた．東京の人口は 1967 年以降人口の社会増減による出超となり，その傾向は 1980 年代初めまで継続した．それに加えて自然増による人口増も停止し，1975 年以降東京の人口は停滞する．とくに1985 〜 95 年の 10 年間は自然増と社会減が拮抗し，人口動向は停滞的であった．この時期，人口総数の対全国比も 9.4％（1995 年）に低下した．東京から流出した人口は周辺諸県に向かい，神奈川・千葉・埼玉と一体化させて，いわゆる東京圏が形成されることとなった．

さて，一時期停滞していた東京の人口は 1995 年以降再び増加に転じ，2015 年に 1,351 万 5,271人（国勢調査）となった（図 2.1.1）．対全国比も1995 年から 2015 年にかけて上昇して 10.6％となり，人口の再集中化の傾向を強めている．この時期，東京は再び社会増減で入超に転じるが，その数は 1960 年代ほどではなく，自然増の幅も小さかった．それでも人口が増加したのは「その他の人口増減」によるものである．この範疇には外国人も含まれている．すなわち，1995 年以降，東京の人口増加要因の 1 つは外国人の増加であり，中国，ベトナムなどアジア諸国からの流入である（国際化については第 6 章第 2 節参照）．

日本は合計特殊出生率の低下によって人口の自然増加が望めず，2035 年以降人口は 1 億人を下回り，その後も人口減少が進むと予測されている．その中で人口が増加するということは，他地域からの人口流入に依存せざるを得ず，いわゆる地域間競争の状況を生みだす．東京は他地域と比較すると政治・経済や文化的活動において比較優位にある．1995 年以降，東京への再集中化はそれを示している．また，その優位性は外国人流入にも機能している．

東京の人口増減を区市町村別にみる．図 2.1.2 は東京における人口増減率を区市町村別に，①1955 年〜 1975 年，② 1975 年〜 1995 年，③1995 年〜 2015 年について示している（島しょ部を除く）．

①は，東京の人口が増加した期間にあたるが，すでに都心及びその周辺地域は人口減少地域であり，区部において人口増加率がやや高いのは足立，葛飾，江戸川，練馬の各区である．一方，この時期に人口増を受け入れたのは，区部に接続する西東京，小金井，国分寺，調布，府中，多摩，町田の各市などである．これらの地域は人口増加率が200％を超えている．次いで八王子，昭島，福生の各市も 100％を超え，いわゆる多摩地域における著しい都市化の進展を示している．東京は周辺の多摩地域でニュータウンなど，住宅団地等が建設される一方，都心部では人口が減少するというドーナツ化現象を示した．しかし，多摩地域最奥部の奥多摩町，檜原村は人口減少が進んだ．

②は，東京の人口が停滞する時期である．都心・副都心の千代田，中央，港，新宿，台東の各区，その周辺も人口減少が継続し，都心の空洞化が一層顕著となった．一方，前期に著しく都市化が進展した練馬区，多摩地域東部の著しい人口増加も止まり，人口増加地域はより西方の瑞穂，羽村，福生，日野，日の出の市町に移動した．しかし，前期ほどの都市化圧力はなく，東京の各地域の人口は全体として停滞的な状況を示している．

③は，東京の人口がそれほど高い伸び率ではないものの，再び増加に転じ，すでに指摘したように外国人の流入がみられる時期である．しかし，人口増加地域は限定され，しかも増加率は高くない．人口増加地域は都心とその周辺に限定される．中央・港・品川・江東各区などはウォーターフロントとして再開発され，人口の都心回帰の様相をみせている．一方，人口減少地域は多摩市にみられるように，かつてニュータウンが建設されたところや奥多摩町，檜原村などであり，後者はさらに過疎化が進行している（第 3 章第 3 節参照）．

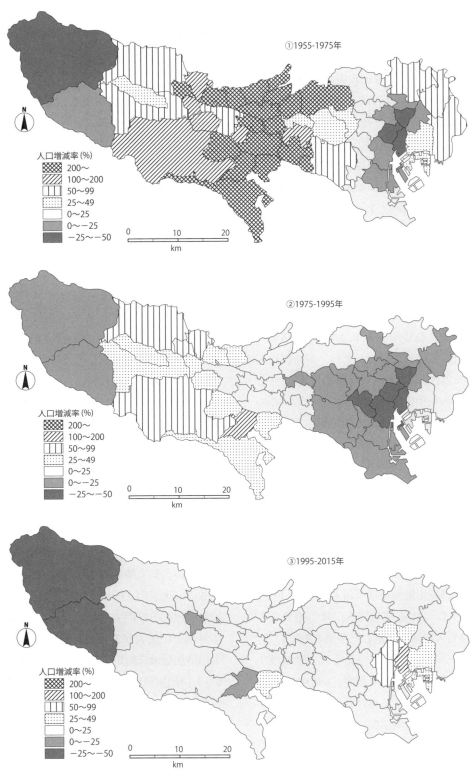

①1955-1975年

人口増減率 (%)
- 200〜
- 100〜200
- 50〜99
- 25〜49
- 0〜25
- 0〜−25
- −25〜−50

②1975-1995年

人口増減率 (%)
- 200〜
- 100〜200
- 50〜99
- 25〜49
- 0〜25
- 0〜−25
- −25〜−50

③1995-2015年

人口増減率 (%)
- 200〜
- 100〜200
- 50〜99
- 25〜49
- 0〜25
- 0〜−25
- −25〜−50

図 2.1.2　区市町村別人口変化
資料：各年『国勢調査』より作成

このように東京における人口の地域的動向は，都心から周辺部，そして多摩地域へと同心円的に増減がくり返されてきた．そして近年における東京の人口増加や外国人流入が東京の中心－周辺関係，いわゆる東京の地域構造に如何なる影響をもたらすか，注視していく必要がある．

2. 人口構造の変化と昼夜間人口

1 つの国あるいは地域の人口構造は，社会経済の変化とともに，一般に発展途上国にみられるピラミッド型から先進諸国のような紡錘型に変化する．すなわち，多産多死から少産少死に至る人口構造への変化である．一方，人口構造は将来の社会のあり方と問題を提起する．比較的明解な図式は，15 歳～64 歳までの生産年齢人口と 15 歳未満および 65 歳以上の従属人口との関係である．すなわち，従属人口指数（＝（年少人口＋高齢人口）／生産年齢人口× 100）が上昇すれば，現在および将来の社会に負担を強いる人口オーナスと呼ばれる現象が生じ，日本も東京もすでにこの段階に突入したといわれる．この従属人口指数を用いれば，地域の少子高齢化の状況を推し量ることができる．

表 2.1.1 は国勢調査による年齢別人口とその将来予測である．1995 年段階において東京では未だ従属人口指数は 35，言い換えれば 100 人で 35 人の年少及び老年人口を支えればよかったが，2015 年にはそれが 52 となり，2045 年には 71 になると予測されている．すなわち，1995 年は騎馬戦型であったが，2015 年は騎馬戦型を維持

できなくなり，将来は 1 人で 1 人を支えるという肩車型へ移行するといわれる．それは少子化によって次の世代の生産年齢人口が減少し，一方では高齢化によって老年人口が相対的に増加すると予測できるからである．

さて東京における 2019 年 1 月 1 日の住民基本台帳人口から従属人口指数を区市町村別に算出すると，著しい地域差が確認される（図 2.1.3）．

第 1 に，従属人口指数が東京平均を下回る地域は，区部の中で都心とその周辺，多摩地域では JR 中央線沿いの武蔵野，小金井，国分寺，そして調布の各市である．これらは生産年齢人口が多く，若年層の人口流入がみられる地域である．例えば，中央区は従属人口指数 41 と最も低い．1955 年以降人口が減少したが，1995 年以降は人口増加に転じた．東京駅,丸の内地域に近接し，通勤等の利便性も高い．さらにかつての埋立地や湾岸部の再開発による高層住宅の建設が新たな居住者を吸引した．その結果，中央区居住者の平均年齢も 42.3 歳と若く，現在及び将来の生産年齢人口が拡大し，従属人口指数を押し下げることになった．練馬区は従属人口指数 52 とやや平均値に近い．この区は 1955 ～ 1975 年にかけて人口が急増した地域の 1 つである．当時流入した若年労働力層とその子どもの年齢層が，現在の 65 歳前後の年齢層と生産年齢人口の多くを占め，高齢化が次第に進展する地域である．しかし，人口は微増を続けており，居住者の平均年齢は 44.3 歳と都平均を若干下回っている．

第 2 に，従属人口指数は平均を上回り，人口問題が懸念されながら，近年人口流入もある中間

表 2.1.1　東京における従属人口指数の変化

	年齢階層	1985 年	1995 年	2005 年	2015 年	2025 年	2035 年	2045 年	2050 年
人口	0 ～ 14 歳	213	150	142	152	159	145	132	119
	15 ～ 64 歳	864	871	870	873	913	867	769	696
	65 歳以上	106	153	230	301	325	363	412	412
従属人口指数		37	35	43	52	53	59	71	76

注）人口の単位は万人．2025 年以降の人口は東京都政策企画局による推計．
資料：各年『国勢調査』，東京都政策企画局資料より作成

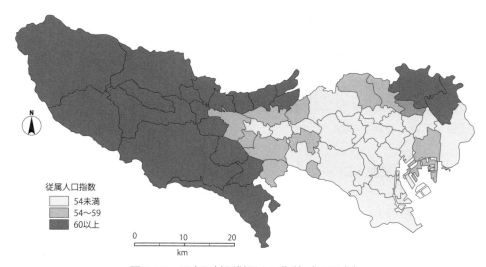

図 2.1.3　区市町村別従属人口指数（2019 年）
資料：『住民基本台帳人口（日本人）』2019 年 1 月 1 日現在より作成

地域である．これらは荒川，江東，北，板橋の各
区などの城東・城北地域及び多摩地域の西東京，
三鷹，府中，立川の各市などが該当する．

　荒川区は戦前段階，関東大震災の影響で流入人
口が多く，一時的に 35 万人を超える人口規模と
なった．高度成長期の人口は 1960 年 28 万 5,480
人となったが，それをピークに人口減少が継続し，
地域経済・社会の停滞が指摘されるようになっ
た．人口は 1995 年 17 万 6,886 人となった．そ
の後人口は 2015 年の国勢調査で 21 万 2,264 人，
2019 年 1 月 1 日の住民基本台帳人口は 21 万
5,966 人となり，人口増加の傾向が継続されてい
る．市街地は古くからの住民が居住し，次世代は
地域から離脱し，小学生以下の子どもたちの姿が
見えない街区もあり，少子高齢化が進展している．
一方，日暮里，町屋などの交通結節点および舎人
ライナー沿線の再開発と中規模マンション群の建
設によって，若年・中堅世代の流入もみられ，そ
れが人口増につながっている．しかし，荒川区の
人口は日本人だけに限定すると 19 万 6,835 人で
ある．図 2.1.3 に示した従属人口指数は日本人の
みを対象としたもので 58 となる．外国人人口を
加えると従属人口指数は 53 となり，外国人の流
入が指数の改善に寄与している．この傾向は外国

人流入が多い市区にみられる．

　第 3 に，従属人口指数は平均を大きく上回り，
将来予測で言えば，すでに 2035 年段階に到達し
ている地域である．これらは区部の最外郭である
足立，葛飾の各区および多摩地域北部と南部，西
部の大部分が相当する．

　多摩地域の中で最も従属人口指数が高いのは檜
原村 131，奥多摩町 128，日の出町 99，あきる
野市 73 などであり，次いで青梅・武蔵村山・東
久留米・清瀬・多摩各市の 68 〜 69 であり，30
年後の 2045 年段階の 71 に迫っている．かつて
多摩市は高度経済成長期おける人口増に対応して
多摩ニュータウンに代表される大規模な宅地開発
が行われた．その結果，多摩市は 1955 〜 1975
年に人口が急増し，その後も 1995 年まで人口増
加が続いた．しかし，ニュータウンもオールド
タウン化し，初期入居者の高齢化が進展し，多
摩市はそれを支える生産年齢人口の拡大をみな
いまま，現在に至っている．多摩市では 1995 〜
2015 年においても人口減少がみられ，かつ居住
者の平均年齢も 46.2 歳と都平均より高い．ここ
では多摩ニュータウンの再開発が問題となり，同
時に町村に比べ急速に高齢化が進むと予想され
る．

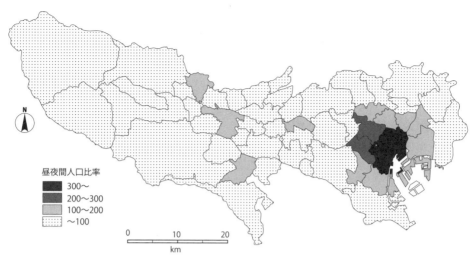

図 2.1.4　区市町村別昼夜間人口比率（2015 年）
資料：『国勢調査』2015 年より作成

　前項でみたように東京は 1995 年以降常住人口において人口の地域的集中度を高めている．さらに通勤・通学にみられるように人びとは常住地と勤務・通学先などの間を日々移動する．すなわち東京周辺諸県あるいは東京都内の区市町村間を日々移動している．その移動の状況を示す指標が昼夜間人口比率（昼間の人口と夜間の人口との比率）である．東京全体の昼夜間人口比率は，2015 年の国勢調査によれば 117.8 と東京の人口が入超の状況にある．また，この値は常住人口の東京集中度よりやや高く，東京圏および首都圏，日本の中心性を示している．また，この比率を東京の区市町村別にみると，自明のことではあるが，東京の中心性は都心および副都心において著しい（図 2.1.4）．千代田区は常住（夜間）人口 5.8 万人にすぎないが，昼間人口は 85.3 万人となり，昼夜間人口比率は 1,460.6 である．すなわち，千代田区は昼間に過度ともいえる人口を抱え，同時にそれらを支える多様なインフラの存在と集積があり，それこそが千代田区の都市力を示し，魅力となっている．この千代田区に次いで昼夜間人口比率が高いのは，中央区 431.1，港区 386.7 である．この 2 区はその比率で千代田区におよばないものの，昼間は常住人口の東京集中度に比べ

4 倍程度の人口を引き寄せている．都心 3 区に次ぐのは新宿区 232.5，渋谷区 240.1 の副都心である．従来，豊島区は副都心の 1 つといわれてきたが，昼夜間人口比率は品川区の 140.6 と近似の 143.3 となり，文京区 157.5，台東区 153.4 を下回り，東京における昼間人口の地域間移動形態が変化しつつあることを示唆している．

　一方，多摩地域において昼夜間人口比率が 100 を超えるのは立川市 114.2，武蔵野市 108.7，瑞穂町 109.9，多摩市 101.0 の 4 市のみである．立川市は多摩地域の業務中心都市としての性格を強めて中心性を高め，武蔵野市は独特の商業発展，瑞穂町は工業地域として昼間人口を集めている．多摩市は住宅地であり他地域への送出も多い一方で，近年商業及び業務施設の集積によって吸引人口も多くなったが，その収支は均衡している．他の市町村はいわゆる住宅地として都心・副都心地域へ人口を送り出す地域である．

　東京は日本における一極集中の様相を示しているが，さらに東京圏および都内からの都心・副都心地域への一極集中化が著しいという "二重，三重の集中 " という形態を示している．

（沖田耕一）

第2節　現代の土地利用

土地の利用形態は社会の要求によって変化する. 第二次世界大戦後, 東京は都市化・工業化が著しく進展し, 近年は高度情報社会への移行と国際化によって土地利用は大きく変化している. 土地利用はさまざまな要素間競合, 例えば, 公共用地と民有地, 生活用地と産業用地, それぞれの関係によって決定される. すなわち, 土地利用競合の結果, ある土地がこれまでの用途から別の用途に転換したり, さらに同一用途であってもより生産性の高い用途へと変化していくことになる.

東京の土地利用を知る資料には, 土地利用現況調査と地目別土地利用統計がある. ここでは主として民有地における土地利用競合を見るために後者の統計を採用し, 表2.2.1を作成した. 東京の課税対象土地面積は1955〜2015年の60年間に17.3%減少し, この間, 公共的な用地（表2.2.1の注を参照）が増加している.

さて, 課税対象土地の利用では, 工業地区・住宅地区・商業地区を含む宅地（建物地区）率は, 区部では1955年に62.8%であり, すでに田・畑の農地率32.0%を上回っていた. しかし, 第二次世界大戦後10年の段階では区部においても未だ農地率が30%以上を占め, これ以降の都市化進展の種地となった. 事実, 1960年代からの高度成長期以降, 区部の宅地率は若干停滞する時期がみられつつも2015年に94.8%となり, 他方で農地率はわずか1.6%となった. つまりオープンスペースが2%にも満たない状態になった.

一方, 多摩地域においても区部と同様, あるいはそれ以上に急激な都市化が進展する. 多摩地域における宅地率は1955年に10.2%であったが1965年に16.4%となり, そして1975年には27.1%となって農地率19.4%を上回り, 農地（田畑）は宅地化された. こうした宅地率の上昇は, 高度成長期に区部の宅地供給が困難となり, それを多摩地域に求めたことによる. しかも宅地化の

表2.2.1　区部及び多摩（市・郡）地域の土地利用変化（1955〜2015年）　（単位：ha）

地域	年	宅　地								田・畑	(%)	山林・原野	(%)
		総数	(%)	商業地区	(%)	工業地区	(%)	住宅地区	(%)				
区部	1955	23,189.0	62.8	2,145.8	5.8	3,370.6	9.1	15,476.2	41.9	11,814.4	32.0	798.1	2.2
	1965	26,793.2	73.8	2,862.8	7.9	3,783.3	10.4	18,648.0	51.4	7,681.4	21.2	617.7	1.7
	1975	29,734.0	85.5	3,101.4	8.9	3,717.7	10.7	22,861.2	65.7	3,195.1	9.2	373.2	1.1
	1985	30,929.9	91.3	3,245.6	9.6	3,215.5	9.5	24,435.6	72.1	2,009.3	5.9	119.7	0.4
	1995	31,404.7	92.1	3,697.7	10.8	2,779.7	8.1	24,905.6	73.0	1,217.0	3.6	49.4	0.1
	2005	31,514.2	94.0	1,997.2	6.0	2,097.3	6.3	27,419.7	81.8	757.6	2.3	24.7	0.1
	2015	31,533.0	94.8	2,005.3	6.0	1,644.9	4.9	27,881.9	83.8	541.5	1.6	16.8	0.1
多摩	1955	6,810.0	10.2	365.1	0.5	765.7	1.1	2,363.2	3.5	25,807.2	38.5	33,761.4	50.4
	1965	11,132.8	16.4	409.3	0.6	1,327.5	2.0	6,018.0	8.9	21,219.2	31.2	33,785.2	49.4
	1975	17,770.4	27.1	482.7	0.7	1,963.1	3.0	12,156.3	18.5	12,733.8	19.4	29,502.6	45.0
	1985	19,986.9	32.6	656.6	1.1	2,148.4	3.5	15,957.1	26.0	10,240.6	16.7	26,194.6	42.7
	1995	22,216.9	37.6	718.9	1.2	1,836.3	3.1	18,874.4	31.9	7,757.5	13.1	23,531.5	39.8
	2005	23,737.0	41.2	716.6	1.2	1,752.0	3.0	20,341.7	35.3	6,408.6	11.1	22,073.7	38.3
	2015	25,008.3	44.2	820.3	1.4	1,785.6	3.2	21,438.4	37.9	5,476.1	9.7	21,030.5	37.2

注1）この表は, 各年1月1日現在の固定資産税の対象となる土地面積であり, 国・公有地, 公共用地, 墓地, 道路, 用水路, 溜池, 保安林, 私立学校用地, 宗教法人の境内など, 固定資産税が非課税とされている土地は除かれている.
　2）その他, 湖沼, 雑種地, 軌道用地, 免税点以下の面積を除いた. そのため, 総数は各項目を合算しても一致しない.
資料：東京都『東京都統計年鑑』（http://www.toukei.metro.tokyo.jp/tnenkan/tn-index.htm）より作成

圧力はきわめて強く，平地林を含む山林・原野も
宅地の供給源となり，2015 年に農地率は 10 ％
を下回っている．1960 年代，小金井市の東京学
芸大学周辺は未だ麦畑，露地野菜，芝生，植木畑
などが広くみられたが，今では住宅地化して農地
は生産緑地として点在するのみである．

　ところで東京区部及び多摩地域の宅地化の主
体は住宅地化であることは明白である．しかし，
区部において工業地区率も 1955 年の 9.1 ％から
1965 年 10.4 ％，1975 年 10.7 ％となり，区部
の工業化が進展し，宅地化率の上昇に一定の役割
を果たした．しかし，区部と一部周辺の既成市街
地は「工場等制限法」(1964)，「工業再配置促進
法」(1972)，「工場立地法」(1973)，いわゆる
工場三法の影響を受け，工場用地は高度成長期以
降減少の一途をたどり，住宅地あるいは商業地に
転用されていった．2015 年に区部の工業地区率
は 4.9 ％と低下し，東京は土地利用上，工業活動
の比重を低下させている．一方，多摩の工業地区
率は 1970 年代半ばに上昇し，2015 年段階でも
3 ％台を維持しているが，工業生産のグローバル
配置の波の中で工場の閉鎖・縮小が相次ぎ，住宅
地区への転用が進行しつつある．また，都民の生
活を支える商業地区は，区部において 1995 年に
10 ％を占めたが，近隣商店街の衰退とともにそ
の比率は半減した．一方，多摩地域は宅地化の進
行とともに大型商業施設の立地等が見られ，商業
的土地利用率が若干上昇している．

　東京の人口は現在でも増加しているが，それら
を収容する土地の増加は湾岸地域の一部を除いて
見込めず，結果として増加する人口の収容には土
地の効率的利用，いわゆる建物容積率をあげて
高層化する方法を採用することになる．そこで
1997 年に規制緩和の一環として容積率の上限が
引きあげられ，1997 年に「高層住居誘導地区」
が認められ，また，廊下・階段等を容積率の計算
から除外する建築基準法が 2005 年に改正され，
2014 年に「改正マンション建替え法」が施行さ

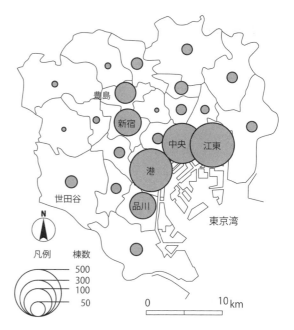

図 2.2.1　タワーマンションの分布（区部）
注）タワーマンションという用語に法的な基準はなく，階
　数による定義などもない．しかし，建築基準法や消防
　法の高さ 60m 以上の建物が超高層建築物とする考え
　方が広まっており，これに該当する住居用建築物をタ
　ワーマンションと呼んでいる．高さ 60m 以上のマン
　ションは，階数にするとだいたい 20 階建以上となる．
資料：https://suumo.jp/ms/tokyo/nj_123/（2018 年 7 月
　25 日閲覧）より集計・作成

れた．こうした動きは超高層マンションの建設を
増加させた．高層マンションはとくに都心や湾岸
地域などでその立地が進行し，都心回帰の現象を
生起させ，いわゆる土地利用の超高度化を促すこ
とになった．図 2.2.1 は，区部における 20 階建
以上の高層住宅数をみたものである．これらは用
地に比較的恵まれた湾岸地域，次いで都心・副都
心に立地しているが，これらに限らずかつて低層
住宅地域であった城東地域なども．主要幹線道路
沿いの高層・超高層化が進展し，土地利用の高度
化が進展することになった．しかし，高層マンショ
ンの建設は人口の受け皿になるとしても，その後
の教育・福祉施設などの対応に課題をもたらすこ
とが指摘されている．

（上野和彦）

東京湾埋立地争奪戦

東京は，これまで多摩郡，島しょ部，周辺県の一部を編入することによって行政区域を拡大してきた．一方，実際の土地面積は歴史的に日比谷入江や日本橋・築地・霊岸島，永代島・越中島，佃島などの湾岸域を埋め立てて市街地を拡大してきた．明治以降は工業化とともに東京港の整備が進められ，日の出，芝浦，竹芝などが埋め立てられて倉庫や埠頭等が建設された．

第二次世界大戦後の東京湾埋立状況を見ると，1950年頃に晴海，豊洲，有明，羽田などが埋め立てられ，高度経済成長とともに工場や流通基地，集合住宅用地，また羽田空港の拡張用地として需要が高まり，埋め立てがより一層進められた．

一方，大都市の無秩序な成長は工場や家庭から大量に排出される未処理排水が河川と東京湾の汚染をもたらし，湾内水産業に壊滅的打撃をもたらし，それは結果として漁業権の放棄にまで進んだ．また，高度経済成長は工場や家庭からの廃棄物も大量に発生させ，この多くは東京湾の埋め立てに利用された．これらの廃棄物と埋立地との運搬通路となったのが江東区である．廃棄物運搬通路となった地域は悪臭やハエの大量発生など，環境問題を発生させた．当時の東京都知事美濃部亮吉は「ゴミ戦争」を宣言し，ゴミは発生地で処理するという原則による政策を押し進めた．

ともあれ東京湾の埋立地の帰属は，基本的に海岸線からの等距離線（地先ルール）によって決められ，湾岸の中央区，港区，品川区，大田区，江東区，江戸川区などに帰属し，各区は埋立地の獲得によって行政区域を拡大させた．1965～2012年間における東京湾の区別埋立面積を見ると（地理地殻活動研究センター・小荒・

中埜，2013），江東区が13.87km²，大田区が13.34km²と多く，次いで品川区，江戸川区，港区，中央区の順である．江東区の面積は1948年に22.54km²であったが，2018年には40.16km²となり，この間，区の面積は1.75倍に増加した．大田区も江東区同様埋立地の獲得によって面積を増加させ，2018年に60.83km²となったが，区域面積の約30%が空港関連地である．

現在，東京湾埋立地は新海面処分場が残されるだけとなった（図コラム1.1）．中央防波堤の埋立は終了し，残された課題は帰属問題である．埋立地の帰属は，当初工事申請事務等を考慮して便宜的に江東区としたが，埋立完了時点で帰属を協議することとした．しかし，2002年12月中央区，港区，品川区は帰属主張を取り下げ，具体的には2014年4月以降，大田区と江東区の間で帰属協議が本格化した．

協議では，大田区が東京湾海面にかつて海苔養殖のための漁業権を有していたと主張し，江東区は，ゴミ処理に伴う負担を担ってきたとして，決裂した．両区は2017年7月にそれぞれ東京都に対し，地方自治法第9条第1項の規定に基づく自治紛争処理委員会による調停を申請した．ところで東京湾埋立地の帰属紛争には13号埋立地（お台場）の先例がある．この時には帰属を主張した港区・江東区・品川区は，自治紛争調停制度により境界問題を解決した．1982年，帰属地決定にあたり，地先ルールに交通上の接続を加味した調停案，面積比で江東区76%，港区17%，品川区7%が提案され，この通りに決定された．さて，中央防波堤埋立地の帰属については，2017年10月自治紛争処理委員会は両区の主張を退け埋立地帰属の基本をもとに「中央防波堤埋立地（中防）」503.2haの86.2%（433.9ha）を江東区に（内側埋立地のほとんどと外側埋立地の東側約4分の3），同様に埋立地の13.8%（69.3ha，外側埋立地の西側約4分の1）を大田区に帰属させる調停案を示し，受け入れを勧告した．江東区は調停

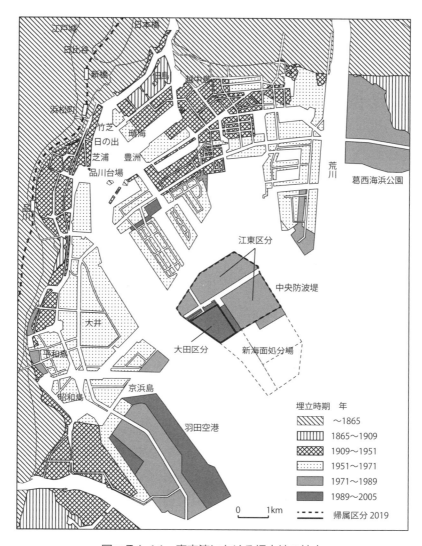

図コラム 1.1　東京湾における埋立地の拡大
出典：国交省東京港湾事務所「東京港埋め立ての変遷」
http://www.pa.ktr.mlit.go.jp/tokyo/history/pdf/e-do01.pdf（2018 年 3 月 28 日閲覧）に加筆

案を受け入れる意向を示したものの，分割割合の低い大田区は調停案の受け入れを区議会において全会一致で拒否し，2017 年 10 月江東区を相手に境界の確定を求めて東京地方裁判所に提訴し，中央防波堤埋立地の帰属は裁判に委ねられることとなった．

　裁判所は，2019 年 9 月 20 日，調停案と同様，地先ルールを基準に同一土地利用の分割を避け，オリンピック・パラリンピック会場の区域すべてを含む 79.3％（399.0ha）を江東区に，コンテナターミナルなどの港湾設備の整備が進む区域を含む 20.7％（104.2ha）を大田区に帰属させると判示した．両区はこの判決を受け入れ，「中央防波堤埋立地」の帰属問題は解決をみた．

　土地の絶対面積が少ない東京区部において埋立地は貴重な土地であり，両区の発展にとって重要である．同時に，これらの埋立地が 2020 年東京オリンピック・パラリンピックの会場として整備されることが，より帰属問題を複雑化させた．

（石田典行）

第3章　地域のしくみ

第1節　都市圏と都市構造

1. 東京の都市構造

1.1　東京大都市圏の構造

東京の都市構造の考察にあたり，まずはよりマクロな空間スケールとして東京大都市圏の構造についてみる．図3.1.1は南関東1都3県の市区町村別人口密度を示している．これによって東京大都市圏におけるおおよその市街地の広がりが分かる．人口密度は東京区部で最高値を示し，郊外へ行くほど同心円状に低位となっている．市街地は，千代田区などの東京の中心部から，西部・東部・北部と比べて西南部，すなわち名古屋・京都・大阪へと続く国土軸及び東海道メガロポリスを形成する神奈川県の方向でより広がっている．東京区部においては，かつて下町の密集市街地を形成していた東部の区（江東・足立・葛飾・江戸川）よりも，山の手の住宅地域を形成する西部の区（世田谷・杉並・練馬やその周辺）で最高値がみられる．

この人口密度の指標では，最低値は東京中心部から最も離れた市町村でみられる．一般的に大都市中心部は，地価が高く居住者が少ないため，居住人口の空洞化やドーナツ化現象がみられる．しかし，市区町村別という空間スケールでは東京都千代田区がやや低めの値を示すものの，この傾向を顕著に示してはいない．これは東京都千代田区にも住宅地があり，人口密度を区単位で集計すると相対的に南関東の外縁部より高い値を示すためである．

次に，図3.1.2より南関東における市区町村別の昼夜間人口比率をみる．この指標は，居住人口を意味する夜間人口に対し，就業者や通学者といった昼間人口がどの程度集中するかを示すもので，都市の中心性を図る指標の1つとされる．東京の都心部である千代田区・中央区・港区やその周辺区で最高値がみられ，高い中心性を示している．そのほか，東京都立川市，神奈川県横浜市

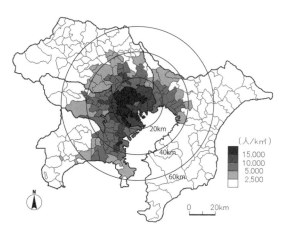

図 3.1.1　南関東1都3県における市区町村別人口密度
資料：『国勢調査』2015年より作成

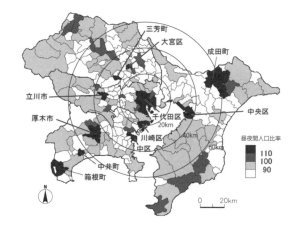

図 3.1.2　南関東1都3県における市区町村別昼夜間人口比率
資料：『国勢調査』2015年より作成

中区・西区，川崎市川崎区，埼玉県さいたま市大宮区，千葉県千葉市中央区など，東京の市部や政令市の中でも中心的な区で最高値を示し，これらの市区は東京大都市圏の郊外核として位置づけられる．

　これらの最高値を示す区に向かって通勤者が流れるため，最高値を示す区の付近の市区で比較的低い値がみられるのがこの指標の特徴である．おおよそ東京の千代田区から 20 〜 40km 程度離れた地帯で，最低値を示すエリアが広がっている．一方，さらに外側に当たる 1 都 3 県の外縁部の市町村では，中位程度の値がみられる．農山漁村地域では周辺地域から就業者を吸引できず，また職住近接の場合も多いため，それほど高い値も低い値もみられない．

　なお，外縁部の中で最高値を示している市町村として箱根町や成田市がある．これは首都圏屈指の温泉街や，国内外の旅客・貨物輸送の拠点である成田国際空港の存在によって，一定程度の雇用を発生させ，周辺市町村から通勤者を集め，小中心地を形成しているためである．厚木市も工業団地などの産業誘致が活発であり，高い値を示している．

1.2　東京区部の構造

　次に東京区部を対象に，町丁を単位としてよりミクロな空間スケールでその内部構造をみることとする．

　図 3.1.3 より町丁別の人口密度をみると，とくに千代田区・中央区・港区・渋谷区にかけて最低値を示すエリアが広がっており，居住人口が少ないことによる都心部の空洞化やドーナツ化現象が読み取れる．

　都心の最低値を示すエリアの外側には，人口密度が高い地帯が都心を取り囲むように帯状に広がっている．これはおおよそ環状 7 号線が通る地帯であり，第二次世界大戦前から高度経済成長期にかけて，急激な人口増加によって区画整理前

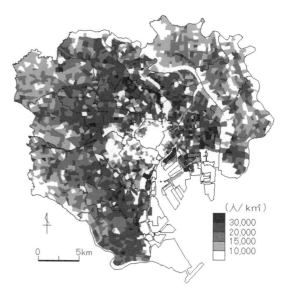

図 3.1.3　東京区部における町丁別人口密度
資料：『国勢調査』2015 年より作成

に宅地化したエリアである．無秩序な市街地の拡大（スプロール）が進行した地帯といえる．今日では閑静な住宅地を形成している場合が多いが，複雑に路地が入り組んでいるため，火災の際にも消防車の進入が困難で，延焼が進む地帯とも考えられている（第 5 章第 2 節参照）．それよりもさらに郊外には，人口密度の低い地帯が広がっている．このほか東京湾沿岸にも人口密集地域がみられ，これは後述するように近年における高層マンションの建設が背景にある．

　2000 年以降は，いわゆる「都心回帰」現象，すなわち空洞化が進んでいた都心部での居住回復が進行する．図 3.1.4 は 2000 〜 2015 年にかけての町丁別の人口増減数を示しており，都心 3 区を含め区部全体が増加傾向にある．とくに東京湾沿岸の地区をはじめ，駒込・小石川から巣鴨・東池袋といった文京区・豊島区の一帯，新宿区の北・西新宿，荒川区の南千住，江戸川区の瑞江・篠崎町，北区の赤羽北・浮間，大田区の下丸子などで増加がみられる．

　この間の人口増加は，主に高層マンションが建設された地区でみられる．例えば南千住の高層マ

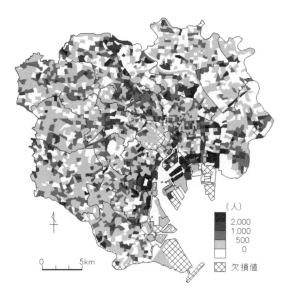

図 3.1.4　東京区部における町丁別人口増減数
（2000 ～ 2015 年）
資料：『国勢調査』2000 年，2015 年より作成

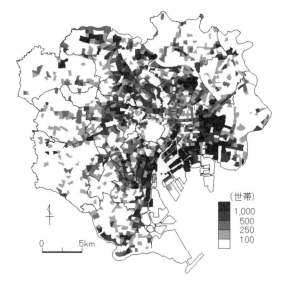

図 3.1.5　東京区部における町丁別共同住宅 11 階建
以上の住宅に住む世帯数
資料：『国勢調査』2015 年より作成

ンション群は，旧国鉄清算事業団の処分用地とし
て，隅田川貨物駅の北部や東部が売却されたこ
とで建設された．都市内部の人口動態は，基本的
には都市の人口増加が中心都市→郊外→地方→
中心都市へと変動するというクラッセン（L. H.
Klaassen）などが提唱した都市発展理論の枠組み
でとらえられる．しかし，大規模な高層マンショ
ンが建設される背景には，この他にも工場や貨物
路線・駅の跡地の再開発など，時代の変化に伴っ
て不要となった土地利用の転換が生じたことや，
小泉内閣時代に制定された「都市再生特別措置法」
による容積率の緩和等の特区指定などがある．
　次に，11 階建以上の共同住宅に住む世帯数を
示した図 3.1.5 から，東京区部における中高層マ
ンションに住む居住世帯の広がりをみる．これに
よると，港区・品川区・江東区の東京湾沿岸で高
い値がみられ，図 3.1.3 や図 3.1.4 と対応する傾
向がみられる．東京湾沿岸に立地する中高層マン
ションの多くは，かつては工場用地であった場所
が多く，広い敷地を有する工場が国内外に移転も
しくは閉鎖した跡地に，都心部に近いという利便

性を活かして立地している．東京区部では 1990
年代後半からいわゆる都心回帰による人口増加が
みられ，中高層マンションはその受け皿となって
いる．
　かつて江戸や東京の都市構造は，隅田川の東側
は工場・町工場とそこで就業する人々の住居や商
店が混在する住工商の混在地域が形成され，その
低平な地形から「下町」と呼ばれた．一方，皇
居よりも西側の台地上は住宅地が形成されて「山
の手」と呼ばれ，江戸や東京区部の都市空間構造
は，同心円構造というよりは東西で性格が異なる
下町・山の手構造がみられた（正井，2000）．今
日は，かつての工場の跡地にマンションが立地し
住宅地を形成しているため，山の手と下町でかつ
てほどの地理的性格の違いはなくなっている．
　区部に立地する中高層マンションは，都心部へ
の近接性から部屋の分譲価格は高値の場合が多い
ため，その部屋を購入できる世帯は相応の収入が
あると考えられる．国勢調査の職業（大分類）よ
り，いわゆるホワイトカラー層（管理的職業従事
者，専門的・技術的職業従事者，事務従事者）と

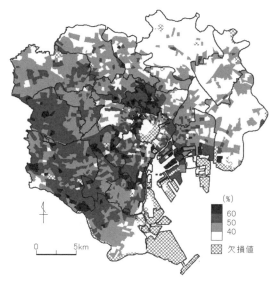

図 3.1.6　東京区部における町丁別ホワイトカラー割合
資料：『国勢調査』2015 年より作成

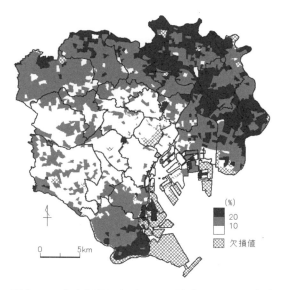

図 3.1.7　東京区部における町丁別ブルーカラー割合
資料：『国勢調査』2015 年より作成

ブルーカラー層（農林漁業従事者，生産工程従事者，建設・採掘従事者，運搬・清掃・包装等従事者）に分類してその分布傾向をみたのが図 3.1.6 と図 3.1.7 である．この 2 指標は表裏の関係にあるため，分布の広がりも逆の傾向を示す．

　図 3.1.6 からホワイトカラー層の広がりをみると，11 階建以上の共同住宅に住む世帯が多かった東京湾沿岸で最高値がみられ，近年建設された中高層マンションにはホワイトカラー層が居住する場合が多いことが分かる．区部の全体的な傾向としては中心部から西側，山の手方面で高い傾向がみられる．中でも文京区，港区，渋谷区，目黒区，世田谷区，杉並区などでは区全体で高い値を示している．局地的には，千代田区の一番町から六番町，文京区の本郷・小石川・小日向，江東区の豊洲，品川区の北品川や上大崎，大田区の田園調布，渋谷区の神宮前，目黒区の駒場，世田谷区の成城，杉並区の南荻窪で高い値を示し，その中には東京でも有数の高級住宅街もある．

　図 3.1.7 のブルーカラー層の広がりはホワイトカラー層の広がりと逆の傾向にある．区部全体では，東部の下町方面で高い傾向にあり，江戸川

区・葛飾区・足立区などでは区全体で高い値を示している．比較的中小の町工場が多く残る大田区も，田園調布に近い西部を除き高い傾向にある．田園調布と区内のその他の間でみられる明確なコントラストは，大田区の特徴といえる．ただし，図 3.1.6，図 3.1.7 の指標はあくまで国勢調査の職業（大分類）による判断であり，所得や社会層を直接的に示しているわけではない．

　次に経済的指標から東京区部の内部構造についてみる．経済活動の活発さを表す指標として「金融業，保険業」がよく使われる．代表的な施設である銀行は，企業が事業を起こす際に資金を融資する．企業と銀行間での金銭の貸借の交渉は，重要な商談であるほど対面接触で行われることが多いため，大手銀行と企業の本社は近接することが多く，金融機関が経済活動の核となっている．ここでは $1km^2$ 当たりの金融業，保険業従業者数を示した図 3.1.8 からその集積地をみると，千代田区の大手町・丸の内や中央区の日本橋の一帯で最高値を示している．日本橋には日本銀行の本店もあるなど，この一帯が日本経済の中心であることが分かる．日本橋の地下化と日本橋川周辺を整備

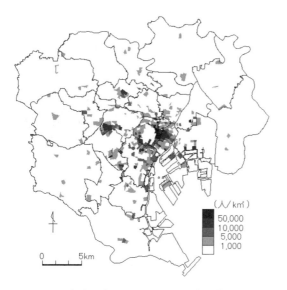

図3.1.8　東京区部における町丁別金融業・保険業
従業者密度
資料：『経済センサス』2014年より作成

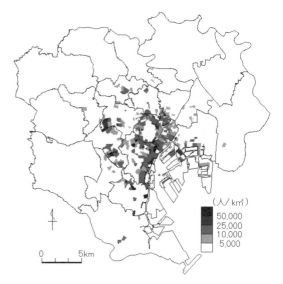

図3.1.9　東京区部における町丁別情報通信業従業者
密度
資料：『経済センサス』2014年より作成

する構想の進展とともに，東京を世界屈指の金融・ビジネス街とするために一帯を国際金融都市とする構想もあり，今後は金融業の集積が一層進むと考えられる．そのほかでは新宿や池袋などで高い値を示す地区がわずかにみられるが，金融業，保険業の集積地は広範囲にはみられない．

　1990年代から急速に伸びている情報通信業について，1km² 当たりの情報通信業の従業者数からこの産業の集積地をみる（図3.1.9）．「金融業，保険業」が集中し，伝統ある日本の大企業の本社が立地する大手町・丸の内はそれほど高い値がみられず，それより新興のオフィス街である新宿区の西新宿，渋谷区の渋谷道玄坂，港区の赤坂，港区・品川区の東新橋から東品川にかけて集積地がみられる．この産業は近年成長著しい分野であり，再開発ビルが新しく建設されている地区に集積する傾向がある．とくに渋谷区の渋谷・恵比寿から港区の赤坂にかけての一帯は，日本版ビットバレーとしてデジタルコンテンツ系企業が集積する地域である．ビットバレーとしての規模はアメリカのシリコンアレーなどと比べて小規模であるが，「ヒ

カリエ」をはじめとした東京急行電鉄による大規模再開発などでは，更なるIT系や外資系企業の集積が図られている．

2. 中心商業地の構造

　商業地もまた都市内部の空間構造をみる指標として取り上げられてきた．日本地誌研究所編（1967）や服部（1969）に示されている1960年代の東京区部の商業地の体系は，銀座・日本橋・神田といった都心部の中心商業地を最高位として，郊外に延びる私鉄沿線を後背地として成長したターミナル駅をもつ新宿・渋谷・池袋・上野といった副都心商業地が2番目の階層に位置づけられる．次いで郊外で複数路線が結節する蒲田，自由が丘，三軒茶屋，北千住，錦糸町，亀戸などが郊外中心として3番目の階層に位置づけられ，最下位は区や地元の商店街となっている．

　1km² 当たりの小売業年間商品販売額から現代東京の中心地の分布をみると（図3.1.10），中央区の銀座・日本橋，千代田区の丸の内といった東

京の中心部において最高値がみられる．銀座は，
エルメスやブルガリなどの高級ブランドの専門店
のみならず，H&Mやユニクロなど世界中に広まっ
ているファストファッションの日本における旗艦
店が集積するなど，国内外に対するショーウィン
ドウとしての役割を果たすとともに，時代を映す
鏡でもある．近年は2020年の東京オリンピック
によって東京が世界中から注目されていることか
ら，フェラガモなどの世界的ブランドの銀座旗艦
店で相次ぎ改装が進められている．

　日本橋は江戸時代から経済の中心であり，当時
から今日まで続いている伝統的な商家も数多く存
在するとともに，三越や高島屋といった老舗百貨
店やコレド日本橋・同室町といった大規模な商業
施設も存在する．一方，丸の内は，かつてはビジ
ネスの街で休日は閑散としていたが，2000年代
以降は再開発された高層ビルの低層階に多様な店
舗と飲食店が開設されている．この一帯は国を代
表する金融街・ビジネス街であり，レストランや
バーなどにおけるインフォーマルな交流が，ビジ
ネスにおける新たなアイディアを創出するうえで
も重要な役割を果たしている．

　東京中心部に次いで小売業年間商品販売額が高
いのは，新宿区の新宿，渋谷区や港区の渋谷・青山・
神宮前（原宿），豊島区の池袋，台東区の上野や
千代田区の外神田（秋葉原）である．これらの多
くはターミナル駅周辺の商業地で，鉄道沿線を後
背地としており，商業の発展は都市の空間構造が
影響している．一方で，原宿はファッション，秋
葉原はアニメやアイドルといったサブカルチャー
の分野で，国内外へ文化を発信する拠点としての
役割を担っており，それが商業地としての発展の
一因にもなっている．

　これら山手線の内側および都心付近の商業地の
ほか，郊外の中心的な商業地がある．図3.1.10
において，広がりは狭いものの最高値を示す町丁
が郊外に点在する．それらは大田区の蒲田，目黒
区の自由が丘，世田谷区の二子玉川や成城学園，

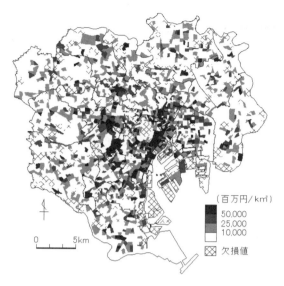

図3.1.10　東京区部における町丁別1km² 当たりの
小売業年間商品販売額
資料：『経済センサス』2014年より作成

中野区の中野，杉並区の高円寺，北区の赤羽，足
立区の千住，葛飾区の亀有，江戸川区の小岩や西
葛西などである．これらの商業地は近隣地域に対
する中心地として位置づけられるが，その性格は
周辺地域の地理的特徴が反映される．良好な住宅
地の中心地として位置づけられる自由が丘や成城
学園にはお洒落な店舗が多くみられ，町工場など
が多く残っている大田区の中心地である蒲田には
大衆居酒屋が多くみられるのもその一例である．

（牛垣雄矢）

第2節　郊外化と住宅開発

1. 東京の住宅開発

　都市は，経済発展に伴い空間的にも拡大する．すなわち，都市は中枢・管理機能をその中心に残しながら，住機能など都市機能の一部を拡散させる．「郊外」とは，都市中心に対する概念であり，具体的には農村的機能と都市機能が混在した地域である．郊外化は単純にヒトが増えることではなく，都市機能をめぐる地域的機能分担の問題を内包している．

　東京の人口は第2章ですでにみたように，中心区の人口増は1970年代前半に停止し，その後の人口増加は区部東部と多摩地域に移った．その具体的な受け皿が分譲住宅や集合住宅の開発であった．しかし，住宅建設数は経済変動や需給関係などに左右され，必ずしも人口増減と正比例しているわけではない．区部は1965～1995年に人口減少傾向を示したが，新設住宅着工数はリーマンショックによって一時的に減少したものの，再び増加傾向にある（図3.2.1）．それが人口の都心回帰傾向とそれをもたらした新設住宅建設の拡

大である．その1つの例が東京湾岸におけるタワーマンションの建設である（第2章第2節参照）．一方，多摩地域は人口が急増した1960～1970年代に新設住宅着工数が増加し，やや人口増加が沈静化する1970～1980年に同着工数は減少した．そして，1980～1990年代に再び増加に転じたが，その後人口の都心回帰傾向が顕著になり，多摩地域の人口は横ばい傾向が続き，新設住宅着工数も減少傾向にある．

　なお東京における新設住宅を種類別にみると，1975年に区部・多摩地域いずれも持家の新設戸数が一定の割合を占め，とくに多摩地域では37.7％を占めていた（図3.2.2）．しかし，新設住宅の主体は新設総戸数の60～70％を超える貸家あるいは分譲住宅であった．そして2016年，持家の新設総戸数は区部8.8％，多摩地域で18.7％と激減し，貸家と分譲を目的とした新設総戸数が80％以上を占めることになった．

　ところで新設住宅の内，持家は「建築主が自分で居住する目的で建築するもの」，貸家は「建築主が賃貸する目的で建築するもの」，分譲住宅とは「建て売り又は分譲の目的で建築するもの」とされる（住宅着工統計）．とすれば，公営，民間

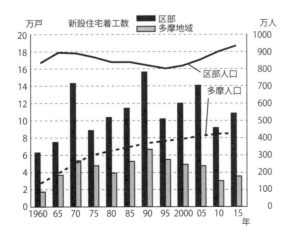

図 3.2.1　着工住宅（新設）の推移
資料：東京都『建築統計年報』，『国勢調査』より作成

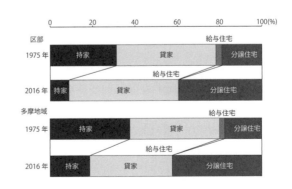

図 3.2.2　着工住宅（新設）割合の推移（戸数ベース）
資料：東京都『建築統計年報』より作成

にかかわらず住宅団地は，統計上，分譲住宅及び貸家の内，ある一定の場所にまとまって建築される集合住宅や戸建住宅である．すなわち，住宅団地は戸建住宅の集合体でもあり，高層の集合住宅の集中地区でもある．

住宅団地開発の主体は，都営住宅，JKK（東京都住宅供給公社），UR（都市再生機構，かつての日本住宅公団）および民間企業である．本節では1960 年〜現在（2018 年）までに建設された都営住宅団地（以下，都営団地）および UR, JKK の若干の資料によって，住宅開発の動向をみることにする．

都営団地は，中小規模の団地が多いものの，現在約 25 万戸の住宅を都民に供給している．その区市町村別・建設時期別分布をみたのが図 3.2.3 である．1979 年以前の都営団地（以下，（　）内は主要事例としての団地）は，新宿区（戸山ハイツアパート，3,019 戸）にみるように中心地区にも建設されたが，多くは区部東部の足立区（花

畑第 4 アパート，1,004 戸），江東区（辰巳一丁目アパート，2,506 戸），墨田区（白鬚東アパート，1,607 戸），そして北部の北区（桐ヶ丘一丁目アパート，1,941 戸），板橋区（新河岸二丁目アパート，1,085 戸），南部の大田区など，都心周辺区に建設された．また多摩東部の武蔵野市，三鷹市，調布市，北部の武蔵村山市（村山アパート，1,300 戸），西部の八王子市（長房アパート，2,032 戸），そして多摩市にも建設され（諏訪団地，1,387 戸），ニュータウン形成の先駆けとなった．

1980 年代以降も都営団地は住宅需要に対応して増加し，その分布も拡大した．1980 年代以降に建設された都営団地の割合（住宅戸数ベース）は，区部外郭部の葛飾区 69.3％，江戸川区 59.5％，区部西部の練馬区 62.1％，世田谷区 58.3％であり，区部においても団地建設が継続された．一方，多摩地域においては，八王子市 81.2％（長房アパート），小平市 95.7％（大沼町一丁目アパート），東村山市 95.2％（東村山本町

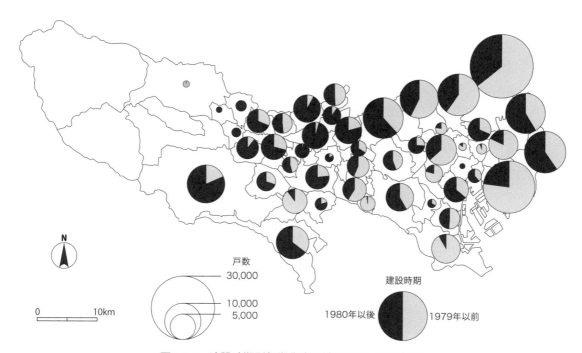

図 3.2.3　建設時期別都営住宅団地の分布（2018 年）
資料：東京都住宅政策本部：都営住宅団地一覧より作成
（http://www.juutakuseisaku.metro.tokyo.jp/juutaku_keiei/264-00toeidanchi.htm）

アパート），西東京市 82.6 ％（柳沢一，二，六丁目アパート）にみられるように，1980 年以降の割合が大きく上昇し，住宅需要の増加による都市化が外延的に進行したことを示している（表 3.2.1）．八王子市から多摩市，町田市に広がる多摩ニュータウンは，従来の区画整理事業と異なり，新住宅市街地開発法によって形成され，UR 系，JKK 系および都営，民間の大小の住宅団地が建設され，新しい街 "ニュータウン" が次々と出現し，大都市東京の拡大を示す象徴的な景観をみせた．この結果，東京は，1. 区部周辺区，2. 区部外郭区，3. 多摩地域，と段階を経て住宅開発が進行し，とくに 2. と 3. の地域は，いわゆる東京のベッドタウンとして包摂され，東京の郊外となった．

2. 郊外団地の変容

東京の拡大を受入れ，都市化を先導した住宅団地の中には，すでに 40 ～ 50 年以上経過した団地もある．"団地のまち" 町田市は，1960 年代以降，都営および JKK，UR による住宅団地開発が進行し，民間による中小の住宅開発も始まった．町田市の都営住宅団地は 1970 年代以降，団地数では八王子を上回る 45 団地，戸数では多摩市を上回る 8,050 戸が市域南東部の金森地区，小田急線町田駅西部の森野地区などに建設された（表3.2.1）．一方，JKK 及び UR による住宅団地は1960 年代初めから小田急線町田駅あるいは鶴川駅からバスで 10 ～ 15 分プラス徒歩圏内の丘陵地で建設が進み，戸数 500 戸前後から 4,000 戸を超える賃貸住宅を主とする大型住宅団地が形成された（表 3.2.2）．そこは，ショッピングセンターや医療・教育機関が整備され，モダンで，新しいライフスタイルを提供する場であった．

しかし，都営団地，JKK，UR とも団地建設開始からすでに 50 年以上経過し，いくつかの課題に直面している．第 1 は当然のことながら．当時はモダンであった建物も今では老朽化し，さらに現代生活の上では住戸面積も狭く，間取，設備も陳腐化していることである．第 2 は団地居住者の減少と高齢化問題である．町田市の JKK，UR 団地における世帯数と人口の変化（2009 ～2019 年）を見ると，わずかに世帯数が増加している団地（森野住宅，境川住宅）もあるが，団地人口はいずれも減少し，とりわけ JKK の真光寺住宅と UR 各団地の人口増加率はマイナス 20 ％以上を示している（表 3.2.2）．次に団地居住者の高齢化状況を見たいが，団地ごとの年齢構成を示す統計はない．そのため，ここでは国勢調査（2015 年）の町丁別・年齢別統計で代替する．町田市全体の老年人口率（65 歳以上人口の割合）は 26.7 ％，それは都平均（22.7 ％）を上回っており，発展する郊外都市としては高齢化が進行している．この老年人口率を町丁別に見ると，同率が 40 ％を超える町丁が市域内に点在し，その周辺に 30 ～ 40 ％の町丁がある．それを団地の分布と対応させると，老年人口率が 30 ％以上の町丁は大規模な住宅団地と重なることがわかる（図

表 3.2.1 八王子市・町田市・多摩市における都営団地の建設状況

建設着工時期	八王子市		町田市		多摩市		合計	
	団地数	戸数	団地数	戸数	団地数	戸数	団地数	戸数
1960 年代	1	119	—	—	1	1,387	2	1,506
1970 年代	9	1,892	12	2,856	6	2,831	27	2,437
1980 年代	5	1,430	17	2,667	2	439	35	4,495
1990 年代	15	6,408	15	2,258	1	41	31	5,187
2000 年代	3	846	1	269	—	—	4	1,115
計	33	10,695	45	8,050	10	4,698	99	14,740

資料：東京都住宅政策本部：都営住宅団地一覧より作成
（http://www.juutakuseisaku.metro.tokyo.jp/juutaku_keiei/264-00toeidanchi.htm）

表 3.2.2　町田市の UR，JKK による住宅団地

	住宅団地名	入居開始年度	戸数	内賃貸	内分譲	2009 年 世帯 A	2009 年 人口 B	2019 年 世帯 C	2019 年 人口 D	増減 C-A	増減 D-B	増加率 (B-A)/A*100
JKK	森野住宅	1963	432	432	0	425	729	440	702	15	-27	-3.7
	本町田住宅	1964〜65	916	916	0	892	1,572	858	1,324	-34	-248	-15.8
	高ヶ坂住宅	1962	832	832	0	798	1,298	800	1,139	2	-159	-12.2
	町田木曽住宅	1969〜71	4,736	4,330	406	4,676	8,711	4,464	7,284	-212	-1,427	-16.4
	木曽住宅	1963〜64	904	904	0	901	1,460	896	1,256	-5	-204	-14.0
	境川住宅	1968〜69	2,238	2,238	0	2,218	4,037	2,227	3,458	9	-579	-14.3
	真光寺住宅	1977	138	138	0	140	318	138	240	-2	-78	-24.5
UR	藤の台団地	1970	3,426	2,227	1,199	3,222	6,516	2,904	5,035	-318	-1,481	-22.7
	町田山崎団地・山﨑第二団地	1968〜69	4,485	3,920	565	3,920	8,147	3,549	6,289	-371	-1,858	-22.8
	鶴川団地	1967	2,982	1,682	1,300	2,766	5,684	2,506	4,444	-260	-1,240	-21.8
	小山田桜台団地	1983	1,618	487	1,131	1,488	4,074	1,433	3,233	-55	-841	-20.6

出典・資料：町田市（2013）：『町田市団地再生基本方針』，p.4，住民基本台帳より作成

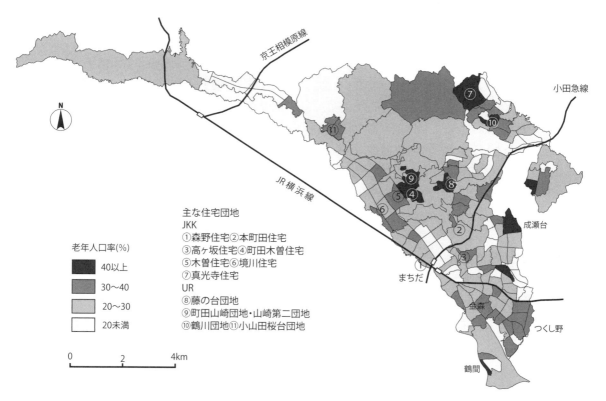

図 3.2.4　町田市町丁別老年人口率（2015 年）と主な住宅団地
資料：『国勢調査』2015 年，JKK・UR の HP より作成

3.2.4）．JKK の町田木曽住宅，木曽住宅，真光寺住宅，UR の町田山崎，山崎第二団地，藤の台団地（金井町），鶴川団地及び成瀬台などの町丁は老年人口率が 40％を超え，同様に都営住宅が展開する市南部の金森，比較的早くから民間の住宅開発が進んだつくし野なども老年人口率が 30％以上の町丁と一致している．

住宅開発の初期に建設された JKK 町田木曽住

宅は，緩斜面に立地し，北側にはUR町田山崎団地が隣接している．住宅は斜面に建設されて陽当たりはよい（写真3.2.1）．しかし，人口の減少と高齢化が進み，団地センター（バス停・商店街等）の商店もシャッターが閉まる店もある．そこへの往来もゆるやかとはいえ長い坂，所によっては階段を上り下りしなければならず，年齢を重ねた人びとにとって身体への負担が大きくなっている．団地内だけを見ると景観は都市であるが，そこには過疎地域のような問題性も一部みられる．中心地である町田駅までの交通アクセスはバスのみである．その運行本数は多く，ある程度の利便性は確保されているが，これ以上人口減少や高齢化が続けばこの先の保証はない．

　町田市は『町田市団地再生基本方針』（2013年3月）を発表し，団地の課題を提起し，まちづくり構想を提案している．そして団地ごとに都市計画上の地区計画を決定し，再生に向けて動き出した．しかしながら，その後団地再生の具体的な展開は見られない．大規模な住宅団地になればなるほど，再生への課題が山積し，課題解決に向けた短期・中長期を組み合わせた，より総合的な対応が必要となる．

3. 郊外化と地域の行方

　多摩地域の人口は約420万人，区部人口の半分ほどの規模となった（2015年，国勢調査）．

写真3.2.1　JKK町田木曽住宅
撮影：小俣利男，2019年11月

　一般的に人が集まれば生活に必要な物資・サービスを提供する産業が集積し，同時に就業の場も創出される．しかし，多摩地域の都市化は住環境の提供が先行し，就業機会の拡大は十分ではなく，それが居住地・就業地間の日々移動，すなわち東京中心部に向かうJRや私鉄の満員・「痛勤」電車および乗換駅の混雑を引き起こしている．

　多摩地域は2015年の昼夜間人口比率が91.5と100を下回り，いわゆる常住（夜間）人口が昼間人口を上回る通勤者・通学者の送出地域である（表3.2.3）．その通勤・通学の移動先は，一般的には周辺市町村が多いが，多摩地域の場合，東京区部が主要な移動先である．区部移動の絶対数が多いのは，調布市の5.1万人，次いで西東京市の4.7万人，町田市4.4万人，八王子市4.3万人である．さらに移動人口を常住人口で除すると，

表3.2.3　多摩地域における昼夜間人口と区部への通勤・通学者数の推移

年	1990	1995	2000	2005	2010	2015	1995〜2015 増加数	1995〜2015 増加率
常住人口	3,659,654	3,766,417	3,513,797	4,035,094	4,185,878	4,213,040	553,386	15.1
昼間人口	3,162,993	3,348,098	3,513,797	3,663,705	3,836,593	3,859,554	696,561	22.3
昼夜間人口比率	86.4	86.2	89.2	90.8	91.7	91.5	—	5.1
通勤・通学移動総数	672,529	660,218	611,650	584,780	542,948	555,841	-104,377	-15.8
通勤者	569,697	565,264	532,832	515,630	481,128	492,733	-72,531	-12.8
通学者	—	94,954	78,818	69,150	61,820	63,108	-31,846	-33.5
うち15歳以上	102,832	88,820	73,392	63,743	57,064	59,009	-29,811	-33.6

注）1990年は15才未満通学者統計がなく，通勤・通学移動総数は当該数を除いたもの．
資料：各年『国勢調査』より作成

武蔵野・三鷹・調布・狛江・西東京の各市など区部と接したり，その延長上に位置する小金井市などが 20％を超え，常住人口の 5 人に 1 人が区部に通勤・通学していることになる．さらにこの値が 10％以上の市も多く，多摩地域は依然として区部のベッドタウンあるいは郊外として機能し続けている．その一方で，最近の 10 年間から 20 年間のスパンでみると，多摩地域から東京区部への通勤・通学者数は減少し，昼間人口及び昼夜間人口比率はともに増加傾向にある（表 3.2.3）．これには大学の転入，郊外団地入居第一世代の定年退職なども関わっている．いずれにせよ，多摩地域の変化はすでに始まっている．

　多摩地域南部に位置する町田市は人口 42.2 万人（2015 年）の郊外都市である．1958 年市制施行当時は 6 万人程度であった人口はその後の住宅団地造成によって 1960 年代半ばには 11 万人を超え，さらなる大型団地造成や宅地開発によって人口流入が継続し，今や人口規模からから見れば地方の県庁所在都市を上回る規模となった．1990 年代に人口は停滞するが，2000 年代以降微増傾向にある．

　町田市人口の日々移動による地域的流動を見ると，2015 年の流入人口は 7 万 9,464 人，流出人口は 11 万 7,509 人で 3 万 8,045 人の流出超過である．一方，隣接する相模原市とは入超の関係にあり，近隣地域に対して一定の中心性を示している（図 3.2.5）．しかし，町田市は総体的には東京区部への人口送出地域，いわゆる郊外都市の性格を有している．この地域間移動傾向を 15 歳以上の常住就業者に限ってみると，2015 年の昼夜間就業者比率（常住就業者＝ 100）は 75 となり，昼間に町田市内で就業している比率は低い．「その場所に住んではいるが，他地域（主として東京区部）で働く」という，依然として "郊外化" の状態にある．

　一方，町田市は歴史的にみれば，八王子から横浜に向かう「絹の道」に沿う商業地として発展し，

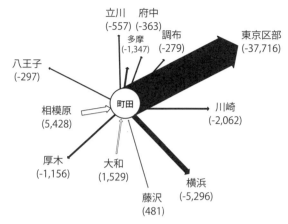

図 3.2.5　町田市の通勤・通学先別純移動（2015 年）
資料：『国勢調査』2015 年より作成

かつては東京の郊外ではなかった．その町田市が住宅団地の建設によって人びとを引き寄せ，郊外都市となった．こうした変化は同時に小田急線と JR 横浜線の町田駅エリアの立地評価を高め，商業施設を集積させて，広い商圏を形成し，町田市の自立化を進める上で大きく寄与した．

　郊外の拡大は都市成長の象徴であったが，時間の経過とととともに郊外は郊外としてだけではなく，自立した地域としてのあり方が求められている．町田市では，郊外化の象徴である丘陵地の住宅団地と，商業中心とマンションの立地する地区をどのように関係づけながら将来像を描くのか，郊外都市の再生を含めた広い視点からのアプローチが必要である．

（上野和彦）

第3節　過疎と地域振興

1．人口・世帯と就業構造

　人口1,300万を擁する東京にも，6町村（2017年現在）の過疎地域がある．その中で島しょ部以外の奥多摩町，檜原村は都内西縁，関東山地南東部に位置し，それぞれ多摩川上流部，秋川源流部を行政域とし，そのほとんどが秩父多摩甲斐国立公園内にある．過疎地域は国による地域政策の対象地域であり，1970年以降過疎関係法によって，人口減少率と財政力指数を基本的要件として指定・公示されてきた．檜原村は奥多摩町より早く1981年に過疎地域に追加指定後，現在に至り，両要件ともより厳しい水準にある．そこで以下，檜原村の過疎と地域振興について検討する．

　檜原村は島しょ部を除く都内唯一の村，まさに大都市近郊山村としての過疎地域である．村最奥部から東方，稜線の先はるかに都市化した多摩地域や，条件がよければ新宿高層ビル群が望める（写真3.3.1）．

　檜原村の人口は2,217人（2019年1月，住民基本台帳）であり，長期的に減少傾向にある（図3.3.1）．1950～2000年の国勢調査間人口変動率は，ほとんどの期間が−5～−6％であった．村では基本的に進学・就職などに伴う15～20歳台の特定年齢層や，子世帯のみの流出が多く，挙家離村は比較的少なかったので世帯数は微減であった．しかし，2000年代には特定年齢層の流出は続くが，人口減は−10％を上回り，同時に世帯数も急減する．人口動態では，子育て若年層の流入も少数みられるが，高齢層を中心とする，世帯減を伴う世代交代型の人口減少が目立ち，自然減が人口の変動を規定している．そのため空き家が多数発生する．同様の傾向は奥多摩町でもみられるが，近隣の日の出町は1970年代以降，郊外化し，人口動向も異なる．

　檜原村は林野率92.5％（2015年）で山地が卓越し，可住地は限られている．村中央部を東西に伸びる標高900m前後の浅間尾根の南と北に南秋川，北秋川の狭い谷が続き，村東端部ではその合流後，秋川のやや大きな谷となっている（図3.3.2）．集落は分散的に立地している．その一群は，日照時間の短い，南北両秋川に並行する幹線交通路（主要地方道，都道）に沿って断続的に，ほとんどは左岸に立地している．もう一群は，か

写真3.3.1　檜原村最奥集落より東京西郊を望む
撮影者：小俣利男，2018年12月

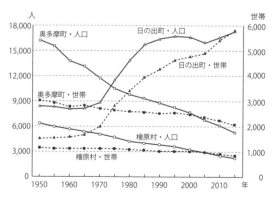

図3.3.1　都内西縁部3町村の人口・世帯数の推移
資料：各年『国勢調査』より作成

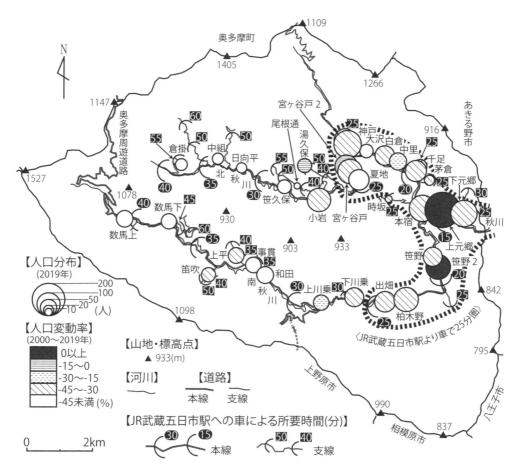

図 3.3.2　檜原村における地区別人口分布（2019 年）・人口変動率（2000 ～ 2019 年）と JR 武蔵
　　　　五日市駅への車による所要時間

注）人口は各年 1 月 1 日現在．宮ヶ谷戸 2，笹野 2（笛吹 2 から移動）は老人ホームの立地による新設区．
　　移動元の笛吹 2 は省略．JR 武蔵五日市駅への所要時間は，Google マップのルート検索によって求
　　めた．なお，この駅は村東境から東 6.7km にあり，村内路線バスの起・終点かつ最寄鉄道駅である．
　資料：檜原村役場資料等より作成

つて盛んであった林業や炭焼き，尾根道交通など
と関係する両秋川支流沿いの斜面や山頂に立地し
ている．さらに村西部などでは集落内でも家屋が
分散的である．こうした分散的居住地システムで
は，直線距離以上に，道のりや，幅員・路面・カー
ブ・最高速度などの道路・走行条件を反映する時
間距離は集落間や家屋間で大きく異なる．しかも，
村の世帯当たり乗用車台数 1.7 は都平均の 3.7 倍
（2015 年，警視庁交通年鑑）で，車が必須の生
活手段になっており，時間距離は村外への通勤や
買物，福祉・医療サービス利用など村内生活の各

方面に影響を与え，人口減少の村内地域差を著し
くする（図 3.3.2）．

　2000 ～ 2019 年に人口は多くの地区で減少し
ているが，村西部の両秋川上流部で減少が著しい．
村東端部から西へ時間距離が増加し，急勾配の斜
面を走る支線道路も多くなって，時間距離は急
増する．そのため，JR 武蔵五日市駅から車で 25
分圏内の村内人口割合は，2019 年に 70.8％であ
り，2000 年よりも増加している（図 3.3.2）．村
役場のある村中心部の上元郷では，この間，村営
住宅の建設戸数も最も多く，人口が増加した．な

表 3.3.1　檜原村の産業別就業者数・域外就業者数

産業分類 （2015 年分類による）	2015		2005	
	常住就業者数	うち村外就業者数	常住就業者数	うち村外就業者数
総数	1,017	428	1,275	591
農業	20	7	46	13
林業	22	0	11	2
鉱業，採石，砂利採取 [a]	2	1	1	0
建設	94	29	144	63
製造	103	63	205	127
電気・ガス・熱供給 [1]	0	0	2	2
情報通信	8	8	9	9
運輸，郵便	55	30	58	35
卸売，小売	103	43	157	67
金融，保険	7	6	9	8
不動産，物品賃貸 [b]	11	6	6	5
学術研究，専門・技術 [2]	15	10	—	—
宿泊，飲食 [2]	87	22	97	21
生活関連 [2]，娯楽	52	27	—	—
教育，学習支援	28	17	36	23
医療，福祉	171	79	184	80
複合サービス事業	12	5	37	14
その他のサービス	119	42	203	99
公務	59	18	68	23
分類不能の産業	49	15	2	0

注）一部の産業名で「業」を省略．
　　1）は「・水道」，2）は「サービス」をそれぞれ略記．
　　2005 年には a）は鉱業のみ，b）は不動産のみであっ
　　た．「—」は 2005 年にはなかった産業分類．
資料：各年『国勢調査』より作成

お，笹野 2 の人口増は老人ホームの村内移転と，入所者数の増加による．一方，下元郷は村入口にあるが，人口減少が激しい．これは地区内の家屋の多くが秋川北側の斜面，とくに泉沢沿いに分散立地しているからである．

　次に産業別就業構成と村内・村外就業に着目して，村の産業・就業動向をみよう（表 3.3.1）．常住就業者数 1,017 人（2015 年）のうち，産業別には農林業は少なく，建設業がやや目立つのは，多くの山村と同様である．老人ホームなどの医療・福祉は常住地別・従業地別両就業者数・構成率で最大であり，観光と関係した宿泊・飲食は常住就業者の村内就業率が高い．同時に，就業者数の多い医療・福祉，製造業，商業などだけでなく，就業者数の少ない学術研究・専門・技術サービス，不動産・物品賃貸，情報通信，金融・保険などで

も村外就業率が 40％以上である．主要通勤圏は時間距離の影響もあって比較的狭く，村外就業者の非正規雇用率は都平均よりもやや高い．しかし，村外通勤は，就業先の量的確保とともに，その業種の幅を広げている．

　2005〜2015 年に常住就業者数は急減した（−258 人，−20.2％）が，林業はまだ小幅ながら実数・構成比とも増加し，後述の地域振興の取り組みとも符合している．医療・福祉，宿泊・飲食は構成比をそれぞれ増加させた．また，常住就業者の通勤流出数も急減し，流出率も 42.1％と若干低下したが，あきる野市・日の出町・青梅市・八王子市の近隣 4 市町への流出割合は 65.2％とやや上昇している（2015 年，国勢調査）．一方，村内の労働力供給の減少もあって，通勤流入数は漸増し，流出超過幅は縮小傾向にある．なお，村の産業を特色づけているのは，農林業以外では木材，木工，家具，採石・砕石などの諸工場，原料栽培も手がけるコンニャク加工である．また自生環境に近づけたマイタケなどのきのこ栽培や，夏の冷涼さを活かしたシクラメンの一貫栽培もある．後者の花卉園芸は委託栽培方式でかつて隆盛をみたが，現在は 1 軒のみである．

　人口減・世帯減は様々な問題を伴っている．全世帯の 35.6％（2015 年，国勢調査）を占める高齢夫婦・高齢単身両世帯にとって，分散的居住地システムで生じやすい交通不便地域の場合，交通や買物などがとくに困難となる．このため，自動車交通が不可能な，村最奥の 2 地区の一部で 2004〜2005 年に福祉モノレール 5 路線が設置され，別の 2 地区では 2008 年からデマンドバスが運行されている．なお，日本郵便の「みまもりサービス」を希望する 65 歳以上世帯に無料提供する制度の導入（2015 年）は，近隣住民相互の見守り機能の低下を物語っている．財政基盤を有する共益会や地区会は，比較的活発に活動している．しかし，北西部の 3 自治会は統合された．また，多くの自治会にとっては，一斉清掃や例祭

など村内外・近在の子世代による助力も得た必要最小限の活動になってきている．しかも伝統芸能の維持も危うく，住民の除雪力低下も課題になっている（『第 5 次檜原村総合計画』2014 年）．空き家率 20.7 %（2015 年,筆者推計）という高さと，空き家の地域的集中は，防犯・防災・景観上，問題となる．空き家所有者は，多摩地域を中心として村外の比較的近くに多く,時々帰れることから，手放しにくいとされる．

2.　地域振興

　過疎地域指定下，地域振興をめぐる近年の主要な動きを取り上げてみよう．まず，他の過疎地域と同様に，若年世帯を含めて移住・定住を促進する住宅関連事業，子育て・教育支援事業，企業・起業誘致促進などに取り組んでいる．次に産業関連では，農・商・観光振興を目指し，ジャガイモが特産品とされ，2006 年にジャガイモ焼酎の委託製造が始まり，2021 年にその村内製造が計画されている．観光では払沢の滝，国重要文化財小林家，奥多摩周遊道路が結ぶ檜原都民の森などに加え，さらなる観光振興に向け村内の多様な資源を保護・活用するエコツーリズムの推進体制が2018 年に整い，特色あるエコツアーが企画・実施されている．一方，地域おこし関連では，地域おこし事業（2004 年〜）があり，主に自治会単位の自主的活性化事業で，樹種転換（スギ・ヒノキの伐採とサクラ，ツツジなどの植栽），ツアーの企画運営など内容は多岐にわたる．また国主導の地域おこし隊を 2015 年から受け入れ，隊員数4 人（2018 年現在），任期中の村内移住を条件に農業振興，空き家・移住定住，観光振興などの地域協力活動をしている．なお，村内に平地が少ないため，空き家の活用は地域振興上も重要になるが，2017 年に空家等対策計画が作成された．

　数ある振興策の中で，林業や森林に関するものが特記される．林業が低迷する中，森林の環境保全など多面的機能が注目され，2000 年代には森林に対する諸主体の取り組みが活発化した．都主導の事業として，1 つは間伐によって森林の多面的機能を回復させる森林再生事業，もう 1 つはスギやヒノキ等の伐採と，花粉の少ないスギ等へ樹種更新する花粉対策事業がある．村も地場産材活用に向けた諸事業，木質バイオマス事業などを進めている．とくに「ひのはら緑〈力〉創造事業」（2013 年〜）は補助金による林業支援であり，日照確保，景観整備，防災，雇用確保，観光振興などを図るべく，上述の地域おこし事業でも一部取り組まれてきた樹種転換を主要事業の 1 つとしている．2013 年は沿道立木の伐採のみであったが，以後 2017 年までに下刈り，伐採，搬出などの一方，モミジなど広葉樹を中心にした植栽は，面積実績を除く本数実績のみの合計で 2,862 本に達している（檜原村役場資料）．こうした中で小規模ではあるが，林業会社も創業した．その他にも，古民家を改築した都市・村両住民の交流拠点機能をもつゲストハウス，地元野菜を中心としたレストランや寺カフェなど村民や移住者による取り組みも多い．それ故，現在，官が中心とはいえ，多様な主体による地域振興が村内で展開されている．

　檜原村においては定住・交流両人口を視野に入れ，大都市近郊山村かつ秋川源流部という立地を活かした地域振興が求められる．村人口が減少する中，村内東部の人口割合が高まり，村域全体をどう経営するかの判断が必要になってきている．村内の産業振興による雇用創出や地域内経済循環だけでなく，村内産業と通勤による村外就業を組合せて就業機会を確保するため，一層の道路整備など通勤環境の改善や，村内二地域居住，ライフステージに応じた転居などを考え合わせた振興も重要である．

（小俣利男）

第4節　伊豆大島の諸相

1.　大島の自然と災害

　大島町は総面積90.76km²の伊豆諸島最大の島で，東京から約120kmの太平洋上に位置する（本扉裏の「東京の範囲」参照），海に囲まれた緑の自然豊かな島である（図3.4.1）．伊豆大島はいまから100万〜数10万年前，3つの火山が形作った残骸が原型といわれている．その後4万年ほど前，当時は浅い海だった現在の三原山のあ

たりで新しい火山が噴火を始め，その後，何度も噴火を繰り返し，現在の大島の形になった．島の中央部に位置する標高758mの活火山三原山は，1777〜1778年の噴火でカルデラの中に誕生し，その後も100〜200年ほどの間隔で大規模な噴火を繰り返してきた．

　大島の噴火の歴史は，千波の地層大切断面（写真3.4.1）や各地の地層に表れている．また，割れ目噴火口や筆島，もとは火口湖である波浮港（写真3.4.2），裏砂漠のスコリア丘など，島内には様々な火山・溶岩地形が残されている．一方，大島は活火山を抱え，四方を海に囲まれていることからたびたび大きな災害が起きている．その1つが火山噴火である．三原山の直近の大規模噴火は，1986年11月15日からの噴火である．11月21日の火山性地震の頻発と割れ目噴火による溶岩流は元町集落に迫り，波浮港周辺においても開口割れ目が確認され，全島民の島外避難を余儀なくされた．島外避難指示の解除は1986年12月20日である．この噴火以後，総合溶岩流対策事業が実施され，観測機器，噴火対策施設が整備された（写真3.4.3）．

　大島は島中央の火山から海岸線まで斜面が続き，地形的に途中遮るものがないために，季節風，台風などによる風，雨の影響を強く受ける．とくに冬の西風は強く，町は頻繁に防災無線で火災への注意を呼びかけている．1965年1月の元町大火も，

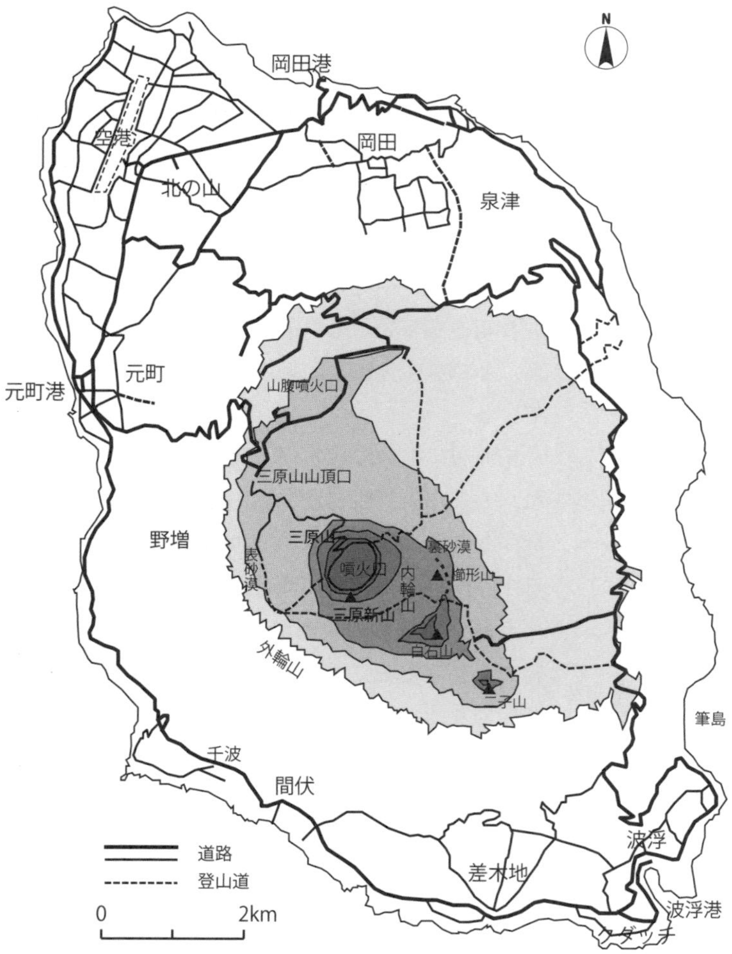

図3.4.1　伊豆大島の概観
資料：http://oshimalabo.com/map 等より作成.

写真 3.4.1　地層大切断面
撮影：平本和香子，2019 年 2 月

写真 3.4.2　波浮港
撮影：平本和香子，2019 年 2 月

写真 3.4.3　噴石等をよけるための避難壕
撮影：平本和香子，2019 年 2 月

写真 3.4.4　土砂災害の爪痕
撮影：平本和香子，2019 年 2 月

強風によって被害が拡大したといわれている．台風による土砂災害も深刻な影響をもたらしている．2013 年の台風 26 号による土砂災害は記憶に新しい．大金沢本川で発生した斜面崩壊と泥流は元町集落に甚大な被害をもたらし，そのほかの地区においても山腹崩壊が生じ，道路・集落・漁港に土砂が流れ込んだ（写真 3.4.4）．これを機に砂防ダム，河川の整備が進められている．豊かであるが時に脅威でもある自然から身を守るために，災害に強いまちづくりを進めていくことが重要である．

2.　大島町のくらしと観光

大島町の人口は 1950 年に 1 万 2,838 人を数えた．1960 年代に入ると若干減少したが，その後離島ブームによる観光の活発化や U ターン現象で再び上昇傾向を示した．しかし 1970 年代半ば以降人口減少が続き，1995 年に 1 万人を下回り，2015 年 7,884 人となり，2019 年 2 月 1 日現在の住民基本台帳人口も 7,717 人と減少傾向にある．人口（2019 年 2 月）は元町，岡田，北の山の北部 3 地区に約 60％，波浮港，差木地，クダッチの南部 3 地区に約 30％が集中している．

大島最大の産業は観光である．その自然景観は素晴らしく，1964 年に富士箱根伊豆国立公園に編入された．東京から近距離にありながら，自然景観と温泉，都市とは異なるライフスタイルが体験できる観光地として人気があった．

大島は，都はるみの「アンコ椿は恋の花」（1964

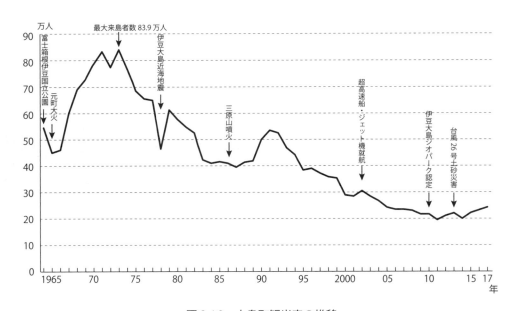

図 3.4.2　大島町観光客の推移
出典：東京都大島町（2017）：『平成 25 年伊豆大島土砂災害記録誌』，p.5 に加筆

年 10 月）にみるように，椿・あんこ（大島独特の伝統的な衣装を着た女性）・三原山で代表される観光地であった．1960 年代，離島ブームを契機に来島者が著しく増加し，1973 年に 83.9 万人と急増した．ホテル・旅館・民宿などが増加し，新たな滞在型観光への転換をめざした．しかしながら皮肉にもこの年をピークに来島者は著しく減少した．さらに 1978 年 1 月の伊豆大島近海地震や 1986 年 11 月の三原山大噴火，さらに 2000 年の三宅島噴火等の群発地震等は伊豆諸島全体の観光に大きな影響を与えた（図 3.4.2）．2002 年の超高速船，ジェット機の就航（2016 年に廃止）で交通アクセスが大きく変化したが，来島者数はその後も減少している．町では従来の椿・あんこ・三原山と夏のレジャー観光から，通年型観光への転換をめざしている．その 1 つが 2010 年 9 月のジオパーク認定・整備である．

大島は島のほぼ全域が自然公園法によって開発が規制され，自然景観と生態系が保護されてきた．伊豆大島ジオパークは，現在活動している火山活動の体感，その環境で生きる生物群，そして火山と人間生活との関わりをテーマとしている．ジオガイドの育成をめざして公開講座なども開かれている．

他方，大島では第一次産業の比率は低いが，農・漁業を観光産業の中に取り込み，新たな形の産業として生まれ変わらせようとしている．農業においてはすでに，農産物直売所「ぶらっとハウス」が 2001 年に建設され，島内農産物（大島特産の明日葉やきぬさや，他多数）やアイスクリーム，牛乳，バターなどの販売が行われ，観光客にも好評である．漁業は，日本でも有数の漁場が近海にあり，また伊勢海老や貝などの資源も豊富で恵まれた環境にある（第 4 章第 2 節参照）．新鮮な魚介類や海の特産物の販売所「海市場」も開設され（2003 年），地元住民のみならず，多くの観光客が利用している．

大島は，豊かな自然環境や地場産業を観光資源として活用しつつ，ジオパークなど地域の学習を主体とし，外国人観光客を含めた新たな客層の開拓とそれへの対応が求められる．

（平本和香子）

第4章 くらしを支える

第1節 ものづくり

1. ものづくりの動向と特徴

ものづくり（工業）の国際化が進展し，その影響を受けて東京のものづくりは縮小の一途をたどっている．事業所数および従事者数はすでに 1980 年から減少を続け，製造品出荷額等も 1990 年をピークに著しく減少している（図4.1.1）．東京の工業は 1990 年から 2015 年の四半世紀の間に 3 分の 1 の規模に縮小し，製造品出荷額等において全国第 14 位，関東 7 都県において最下位となった（経済センサス－活動調査，2015 年）．しかし，東京の工業生産は全国的に見れば未だ上位に位置し，また都市内部と都市郊外にそれぞれ異なった性格の工業が展開している．前者は大都市東京としての特性をもつ工業をより強く体現し，後者は戦前段階からの疎開工場を核として，比較的大規模な電機，輸送用機械，それと関連する工業である．

東京の工業の特徴は，第 1 に大都市の需要や先端性に対応した業種の展開，第 2 に工業技術の革新性や柔軟性を維持・存続する地域的な仕組みの存在，第 3 に工業の郊外化があげられる．

表 4.1.1 は全国と東京の工業構成を比較したものである．2017 年『経済センサス－活動調査』による 4 人以上事業所において，事業所数が最も多い工業は金属製品，次いで食料品，生産用機械器具，繊維，プラスチックである．しかし，これらの業種は全国に比較的普遍的に分布し，とくに食料品工業は人口規模に対応して立地する普遍的工業の 1 つであり，繊維工業も全国に広く分布し，東京に特化しているわけではない．そのほか金属工業，生産用機械，プラスチックも主要品

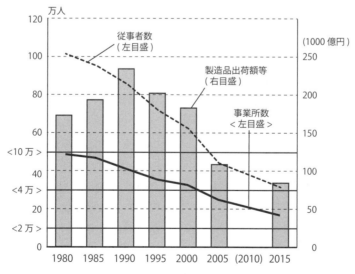

図 4.1.1　東京の製造業事業所数・従事者数・製造品出荷額等の推移
（全事業所）
資料：『2016 東京の工業経済センサス－活動調査』より作成

表 4.1.1　東京の工業構成（2017年）

業　　種	全　　国			東　　京			
	事業所数	従業者数 （人）	製造品 出荷額等 （百万円）	事業所数	従業者数 （人）	製造品 出荷額等 （百万円）	特化係数 （出荷額等）
製造業計	217,601	7,497,792	313,128,563	13,459	269,197	8,374,172	
食料品	28,239	1,109,819	28,102,190	873	30,955	774,426	1.0
飲料・たばこ・飼料	4,759	103,075	10,240,415	58	1,424	149,944	0.5
繊維	14,745	268,299	3,969,986	621	5,538	82,000	0.8
木材・木製品	6,101	95,544	2,689,667	106	901	16,061	0.2
家具・装備品	6,389	99,978	1,912,535	309	3,863	117,377	2.3
パルプ・紙・紙加工品	6,231	185,907	7,279,150	554	6,839	160,124	0.8
印刷・同関連業	12,185	263,891	5,357,107	2,290	46,507	965,078	6.7
化学	4,957	348,895	28,622,197	282	10,807	484,542	0.6
石油・石炭製品	962	24,248	14,554,768	21	355	37,282	0.1
プラスチック	13,631	411,676	11,767,119	767	9,063	156,853	0.5
ゴム製品	2,664	114,775	3,499,393	247	5,651	55,374	0.6
なめし革・同製品・毛皮	1,591	22,558	335,674	349	3,710	73,550	8.2
窯業・土石製品	10,627	242,816	7,474,087	232	3,977	179,965	0.9
鉄鋼業	4,625	209,748	17,841,972	148	3,094	174,487	0.4
非鉄金属	2,714	131,884	9,679,541	144	2,355	81,794	0.3
金属製品	28,776	583,664	14,305,700	1,763	18,528	281,287	0.7
はん用機械器具	7,336	306,415	10,823,091	441	7,440	166,338	0.6
生産用機械器具	20,651	564,958	17,837,419	1,182	16,356	358,480	0.8
業務用機械器具	4,610	210,084	7,310,980	682	14,175	350,499	1.8
電子部品・デバイス・電子回路	4,535	381,686	14,788,256	371	9,705	323,928	0.8
電気機械器具	9,476	482,552	17,365,594	730	24,800	808,654	1.7
情報通信機械器具	1,465	136,141	8,652,175	174	9,210	692,438	3.0
輸送用機械器具	11,423	1,041,452	64,653,939	325	23,769	1,604,636	0.9
その他	8,909	157,727	4,065,612	790	10,175	279,052	2.6

資料：『2017年経済センサス活動調査』（従業者4人以上の事業所）より作成

目が異なったり，技術水準に差はありながら全国に分布し，東京が量的に多いというわけでなく，対全国比という面からその分布比重は小さい．一方，なめし革・同製品，毛皮は，事業所数はきわめて少ないものの全国に対する特化係数が8.2，次いで印刷・同関連業は6.7，情報通信機械器具3.0，家具・装備品2.3と，全国平均よりは構成比の大きい工業がある．とりわけ前2者は特化係数が著しく高く，東京の特徴を示す業種ということができる．なめし革・同製品，毛皮，そして家具・装備品は歴史的にも東京の工業を代表するものであった．印刷・同関連業は大都市の需要に最も対応した工業であり，多様な情報と文化を印刷物あるいはデジタルブック等を媒体として発信する重要な役割を果たしている．情報通信機械器具は近年の情報化社会に対応したハード部門の生

産を担っている．なお，「その他」の内容を小分類で特化係数を見るとがん具・運動用具6.1，貴金属・宝石製品，装身具・装飾品ともに3.8（2017年，工業統計調査速報）と東京に特化している．

　第2の東京工業の特徴は，いわゆるものづくりの仕組みと地域社会との関係が生みだす特徴である．東京の工業という場合，東京湾岸に立地する鉄鋼・化学・エネルギーを主体とする臨海地域より，江戸・明治・大正・昭和にかけて市街地に立地・集積した各種の工業を指す．それらは中小規模の事業所あるいは職人の伝統的・革新的技術を基盤として，相互に交流・結合し，受注調整，技術革新に対応して，いわゆる地域社会を基盤とする産業コンプレックスを形成している（竹内，1983）．これらは東京の工業生産が低下していく中でも高度な工業技術やファッション性に対応し

たコアな産業集団を維持し，東京工業の核として
の役割を果たしている．

　さて，東京の工業は長い歴史の中で著しい発展
を示し，特徴ある産業集団を形成し，その中で国
内およびアジア地域との競合により衰退した工業
もあるが，それもまた東京工業の特徴である．そ
の中から高度技術を習得・維持し，地域社会と結
合し，特定分野では世界的な企業として存続して
いるものもある．

2. 印刷・同関連業の仕組みと分布

　印刷・同関連業は，2015 年の全数調査で事業
所数 4,256，従業員数 5 万 495 人であり，1 事
業所当たり従業員数は 11.9 人，2017 年の 4 人
以上の統計では，事業所数 2,290，従業員数 4 万
6,507 人，1 事業所当たり従業員数は 20.3 人と
小規模である．印刷業は，出版印刷と商業印刷に
分かれ，前者は出版社，新聞社などが発行する出
版物（単行本，教科書，参考書など）であり，後
者はさらに宣伝用印刷と業務用印刷に分かれ，チ
ラシ，パンフレット，カタログ，社内広報，名簿
などの印刷物である．また，証券や商品券，預貯
金通帳など高い秘匿性が要求される印刷業もあ
る．それ故，印刷業といってもきわめて多様な業
態の事業所が存在し，その受注形態，規模も様々
である．

　さて，東京における印刷業の分布を見ると，都
心 3 区に一定の数は存在するものの，それ以上
に都心周辺の江東，文京，新宿，台東，墨田の各
区とその延長上に位置する板橋，荒川，足立の各
区など，全体として城東，城北地域に分布する傾
向が強い．さらに印刷業を細分類して，印刷業，
製版業，製本業・印刷物加工，印刷関連サービ
ス業ごとに分布を見ると，印刷業全体の集積が厚
い都心および周辺地域は印刷業と製本業両者の分
布が厚く，より外郭部の地域，すなわち品川，大
田，中野，杉並，葛飾，江戸川の各区は印刷業の

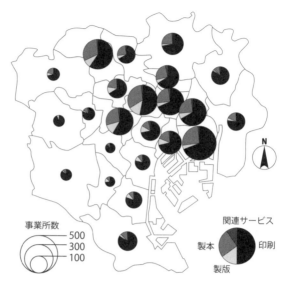

図 4.1.2　東京区部の印刷・同関連業分布（全事業所）
資料：『2015 経済センサス活動調査』より作成

分布割合が大きく，対照的に製本業の割合は小さ
くなっている．それは出版印刷業という業態にお
いては，出版社や新聞社などが発行する商業出版
物，とくに単行本などは製本工程が必要であるこ
とによる．複数ページが面づけされて印刷され，
製本工程に入る．紙の印刷物は重量と容量があり，
印刷業と製本業はできるだけ近接立地が望まし
く，さらに表紙，カバーなど紙面加工が必要であ
ればなおさら工程間調整が必要となり，近接立地
傾向は強くなる．実際，学術図書を専門とする A
書店（新宿区）は，著者との最終的な原稿調整が
終わると同区内の K 印刷業へ発注し，製本は荒
川区の W 製本で行っている．立場を代えて W 製
本の受注先は，前述の A 書店をはじめ，T 出版（千
代田区），S 出版社（台東区），H 書房（千代田区），
K 書院（文京区），So 印刷（荒川区）などであり，
ほとんどが都心および同一区に立地する企業から
の受注で，印刷業の受発注における近接性の重要
性が示されている．こうした近接性は出版印刷の
みならず，商業印刷においても紙面加工や裁断・
切り抜きなどの専門加工業に発注する場合に時間
的近接性は重要である．

印刷業は基本的に受注産業である．それ故，官公署，民間事業所，研究者，文化的催事など，多様なクライアントが多数集中する東京への立地・集積は厚くなる．それは製品化過程がいかにデジタル化されても最終製品が紙で出版・印刷される限り変わりない．出版まで印刷工程の前後には数多くの，多様な工程が入り込み，それを短期間に製品化することが必要であり，必然的に地理的近接性が求められることになる．

3. 産業の地域的コンプレックス

これまで大田区の機械・金属加工集団が果たしてきた役割は，東京ばかりでなく日本の機械・金属工業においてきわめて大きい．それは，事業所規模は小さく，かつ市場向けの完成品生産ではな

表 4.1.2　大田区の工業構成（全数調査，2015 年）

業　種	事業所数	従業者数	製造品出荷額等
	3,068	24,920	50,879,747
食料品	75	1,615	4,684,928
飲料・たばこ・飼料	8	122	288,146
繊維工業	48	267	648,592
木材・木製品（家具を除く）	14	59	115,370
家具・装備品	52	207	323,864
パルプ・紙・紙加工品	32	246	417,368
印刷・同関連業	151	1,649	2,727,774
化学工業	25	776	5,671,531
石油・石炭製品	2	47	x
プラスチック製品	197	1,645	2,591,137
ゴム製品	18	214	341,271
なめし革・同製品・毛皮	3	24	x
窯業・土石製品	28	304	1,467,500
鉄鋼業	70	483	1,904,875
非鉄金属	69	389	1,712,438
金属製品	690	4,601	6,533,347
はん用機械	235	1,629	3,146,998
生産用機械	611	4,133	7,118,570
業務用機械具	162	1,665	2,735,856
電子部品・デバイス・電子回路	94	823	1,605,485
電気機械	217	2,042	3,228,383
情報通信機械	21	321	666,108
輸送用機械	134	1,150	1,901,320
その他	112	509	608,879

資料：『2016 東京の工業経済センサス−活動調査』より作成

く部品の生産・加工であっても，個別事業所の加工技術水準はきわめて高く，またその技術を持ち寄り，いわゆる"擦り合わせ"によって新たな革新を生むという，東京および日本の機械・金属加工の基盤となってきたからである．それは「大田区に向かって設計図や発注書を紙飛行機にして飛ばせば近日中には精密に加工されたものが帰ってくる」とまでいわれるほどであった．

表 4.1.2 は 2015 年大田区の工業（全数）構成を見たものである．事業所数，従業者数，製造品出荷額等いずれも機械・金属械系が多くを占め，中でも金属製品，生産用機械は大田区の工業を特徴づけている．大田区工業の特徴を『大田区ものづくり産業等実態調査の実施及び結果検証等業務委託調査報告書（pdf 版）』（大田区，2015 年 3 月，調査 2014 年 8 〜 10 月．対象製造業 3,953 のうち回収 2,816 事業所，回収率 71.2％，いずれも複数回答）から見る．大田区の事業所の生産形態は基本的に部品加工が主体であり，受注形態は相手先からの仕様によるものが 82.5％と下請的である．一方，大田区工業の技術的に得意な分野は「切削，レーザー放電加工，研削，研磨，板金，溶接，プレス」など金属加工全般にわたる．生産・加工形態は，多品種少量生産が 77.4％を占めるが，量産機能もこなす事業所が 61.0％もあり，受注体制はきわめて柔軟である．一方，試作機能をもつ企業も 55.8％存在し，大田区の技術水準の高さと革新性がうかがえる．

さて，大田区工業の特徴は個別事業所の技術水準の高さと受注の柔軟性ばかりでなく，それを支える地域的仕組みが存在していることにある．図 4.1.3 は，大田区の町丁別に製造業事業所密度（以下，製造業密度）を見たものである．製造業事業所は大田区全域にわたって分布するものの，その密度では特定地区の高さが顕著である．最も製造業密度が高いのは大田区東部の大森南，大森中，東糀谷，埋立部の京浜島，中央部の大森西，そして多摩川沿いの矢口地区などである．一方，住宅

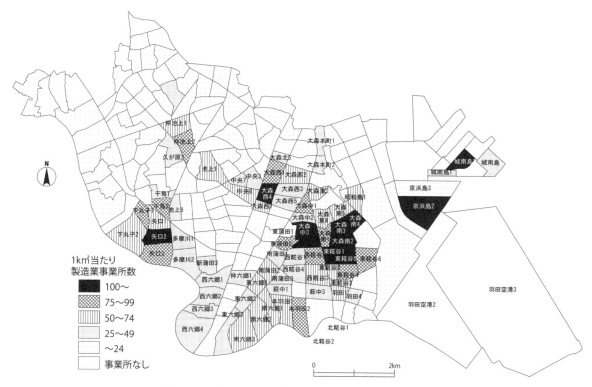

図 4.1.3 大田区町丁別製造業事業所密度（2016 年）
資料：大田区 HP「平成 28 年大田区の工業」及び「人口・土地・面積」より作成

化が進んだ田園調布，雪谷，馬込，山王，久が原などの各地区は，製造業密度はかなり低い．すなわち，大田区の製造業事業所がきわめて狭い範囲に密集していることが明らかである．これら事業所の地理的近接性（地域産業集積）は，1．技術的切磋琢磨と交流，2．異なる工程間の連携と補完，3．受発注の調整などの役割を果たしている．実際，先の実態調査によれば，大田区事業所の67.3％が区内からの受注であり，区部，京浜（品川，川崎，横浜）を加えれば比較的狭い範囲で受発注が完結するとみられる．大田区ではこれを「仲間まわし」あるいは「ちゃりんこネットワーク」と呼んでいる（前掲『大田区報告書』，p.46）．

大田区の製造業は，現在でも受発注による高度な技術と納期に対応できる生産体制と地域基盤を維持している．しかし，1990 年代以降，中国をはじめとするアジア諸国の工業化は著しく，技術水準の向上も目を見張るほどである．また，コンピュータやそれによって稼働する多様な機械が進化し，3D プリンタが登場し，さらに AI 研究によって，大田区が得意分野としてきた機械金属系の職人技術の領域が侵食されつつある．こうした外部環境の著しい変化が大田区あるいは東京の機械金属系工業の縮小をもたらしている．また，工場が密集した地域でも工業系事業所の転廃業による空き地ができ，そこに住宅が建設されるとかつての住工混在社会のバランスが崩れ，地域問題が発生することが多くなった．

4．多摩の工業地域

多摩地域では，戦前からの疎開企業とその後区部の過密化によって用地等を求めて進出した比較的大きな工業系企業により，やや分散的な工業地域が形成された．現在は区部と同様に，多摩地域の工業生産も縮小傾向を示し，1990 ～ 2015 年

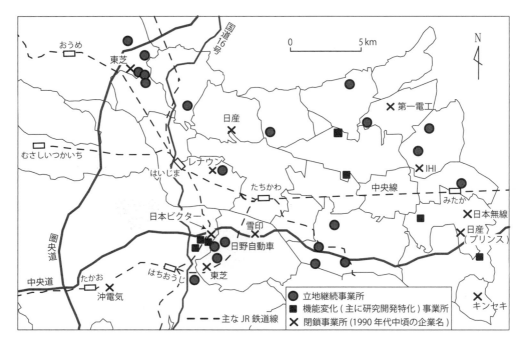

図 4.1.4　多摩地域の大企業事業所の立地と変化（1995 ～ 2019 年）
注：1）『全国工場通覧』掲載の資本金 100 億円以上企業の従業員 100 人以上事業所.
　　2）企業再編・別会社化しても同業種生産継続の場合，立地継続とした.
資料：日刊工業新聞社『全国工場通覧 1994 ～ 1995 年版』，企業 HP，聞き取り調査より作成

に事業所数で 49.3％，従事者数で 49.4％，製造品出荷額等で 43.7％減少した（『東京の工業』）. しかし，同期間に区部の工業生産が 3 分の 1 に著減したのに比して，多摩地域の工業は一定程度の工業生産力を維持しているといえよう. それ故，多摩地域は製造品出荷額等で 1990 年に都全体の 37.6％であったが，2015 年には同 57.8％を占め，東京の工業生産を主導するようになった.

多摩地域の工業の特徴は業種上，日用消費財が少なく，耐久消費財とそれに関連する生産にある. 中でも「電子部品・デバイス・電子回路」，「電気機械器具」，「情報通信機械器具」，「輸送用機械器具」はいずれも製造品出荷額等で東京の 85％以上を占め，とくに「輸送用機械器具」は 96.3％に達する（2015 年，同上資料）.

1995 年に多摩地域では大企業（資本金 100 億円以上）による従業員 100 人以上の大規模事業所は 40 を数えた. 日産村山，富士重工（現 SUBARU），日野などの自動車工場をはじめ，東芝，日本電気，沖電気，石川島播磨重工，日立製作所，オリンパス，コニカ，シチズンなど日本を代表する電機・精密機械企業の事業所が立地し，多摩地域の工業生産を支えてきた. しかしながらこれら事業所のうち，すでに 12 事業所は閉鎖され，工場用地はマンション，ショッピングモール，物流施設などに転換された（図 4.1.4）. また，生産機能を縮小・停止し，研究開発，展示等に機能変化した事業所も多い. 多摩地域の輸送用機械生産を継続してきた日野自動車日野工場は順次生産移管を進め，2020 年までに閉鎖予定である. 現在も多摩地域の工業再編が進行している.

（本木弘悌）

第 2 節　食を支える農・水産業

1.　東京の農業

　かつて江戸市中の周辺は，武家とその家族，そして町人の食糧生産地域であり，東京湾も "江戸っ子" の胃袋を満たす水産資源の宝庫であった．それは明治・大正・昭和期においても同様であり，とくに近郊農村はチューネン（近藤・能代訳，1989）の「孤立国」論の実証地域となった．高度成長期前半の 1960 年に東京の農家数は約 5.2 万戸存在し，その中で農業を主体とする専業農家と第一種兼業農家も約 2.8 万戸と半分以上を占めていた．そこから 55 年経過した 2015 年の農家数は 1.1 万戸と 78.3 ％減少し，経営耕地面積も 22.8 ％と激減した．また都市農業において税制上優遇措置が得られる生産緑地でさえ減少傾向にあり，東京の農業は都市化圧力に抗し切れず，著しく縮小傾向にある（表 4.2.1）.

　しかし，東京の農業は縮小しながらも，農業の現代性（ブランド性と高い生産性）を武器に持続する農家も少なからず存在する．そこで農業の現代性を表す要因として，東京の農業の特性をいく

つか指摘する．

　その第 1 は農地利用における特徴である．東京の農業のほとんどは市街地内に残された土地を利用して農作物を栽培することが基本であり，耕地は基本的に細分化・分散化し，住宅・商業地などに囲まれている．まさに市街地内でのスポット的農業生産である．そのため一定の水利システムが必要な水田はきわめて少なく（2015 年に耕地面積の 3.9 ％），畑作が主体とならざるを得ない．第 2 は，市街地内での農業生産を持続するために土地の効率的利用が必要であり，土地および労働生産性の高い農業経営を実現していることである．それは東京の農家の中でわずかでも農産物を販売する農家数が 50.1 ％を超え，さらに単位面積（10a）当たりの農業産出額も 42.9 万円と高いことに表れている（農林業センサス，2015 年）．また生産量・販売額も少ないが，「東京ゴールド」（キウイ），「都香」（ウド），「東京紅」（甘柿），「さわや香ミディ」「おだや香」「はる香ミディ」（シクラメン），「東京うこっけい」（卵），「TOKYO X」（豚）など東京ブランド農畜産物の開発は，高付

表 4.2.1　東京の農業の概要

年 （西暦）	農家総数 （戸）	総耕地面積 （ha）	田 （ha）	畑 （ha）	販売農家数	販売額 （億円）	その内 野菜（億円）
1960	51,747	31,186	6,581	24,605	–	–	–
1965	44,997	24,486	4,992	19,493	–	–	–
1970	38,400	19,298	3,471	15,828	–	–	–
1975	31,019	17,557	1,352	13,205	–	–	–
1980	28,688	13,300	1,039	12,261	15,814	–	–
1985	26,568	12,500	782	11,718	15,308	–	–
1990	20,679	11,500	629	10,871	13,728	–	–
1995	17,367	9,980	490	9,490	12,304	–	–
2000	15,460	9,000	396	8,604	9,033	312	169
2005	13,700	8,340	325	8,020	7,353	287	163
2010	13,099	7,670	299	7,370	6,812	275	155
2015	11,222	7,130	277	6,860	5,623	306	184

注）1960〜1970 年の耕地面積・田・畑の単位を a から ha に換算した．– は統計数値なし.
資料：各年『農林業センサス』より作成

表4.2.2　農産物の出荷先別経営体数（2015年）

区分	販売のあった実経営体数	農産物の出荷先別（複数回答）							
		農協	農協以外の集出荷団体	卸売市場	小売業者	食品製造業外食産業	消費者に直接販売	インターネットによる販売	その他
全国	1,245,232	910,722	157,888	137,090	104,684	34,944	236,655	9,132	96,812
構成比（％）		54.3	9.4	8.2	6.2	2.1	14.1	0.5	5.8
関東農政局管内	298,934	188,989	43,985	39,455	36,241	6,723	70,321	2,439	25,743
構成比（％）		45.9	10.7	9.6	8.8	1.6	17.1	0.6	6.3
東京都	5,380	1,400	344	1,272	755	170	3,320	57	700
構成比（％）		17.6	4.3	16.0	9.5	2.1	41.7	0.7	8.8

資料：『2015年農林業センサス』より作成

加価値化の代表である．同時に，東京の歴史的農産物ブランドとして江戸東京野菜がある．JA東京中央会によると，江戸東京野菜とは，「江戸期から始まる東京の野菜文化を継承するとともに，種苗の大半が自給または，近隣の種苗商により確保されていた昭和中期（昭和40年頃）までのいわゆる在来種，または在来の栽培法等に由来する野菜のこと」である．これらの多くは栽培が途絶えたが，1990年代になってから復活の取り組みが本格的となり，2018年12月現在，49種類の野菜が登録されている．練馬ダイコン（練馬区），三河島エダマメ（荒川区），馬込半白キュウリ（大田区），後関晩生小松菜（江戸川区）などがその一部である．しかし，商業的農産物として生産され，市場に出回る量はきわめて少ない．

東京における農業の第3の特性は農産物の流通形態である（表4.2.2）．農産物流通は近年，消費者への直接販売が増加しているものの，全国的にみると依然として農協などの集出荷団体経由が60％以上を占める．しかし，東京は経営規模が小さく，生産量が少ないことから農協など集出荷団体への出荷は21.9％でしかない．多くは農地の中や周辺に設置した農産物直売所（写真4.2.1）なども含めた消費者への直接販売が41.7％を占め，しかも少し量がまとまれば小売業者および卸売市場と直接取引を行っている．こうした流通は，小規模な農家にとってリスクは伴うものの流通コストを軽減したり，価格決定への関与を強めることになり，高い生産性を維持する動機となってい

写真4.2.1　コインロッカー式無人農産物直売所
（練馬区東大泉・石神井台地区）
注：表示された価格のコイン（100円専用）を入れるとロックが解除され，農産物を取り出すことができる．おつりが商品の上においてある．
撮影：中村康子，2003年4月

る．なお，農地は農業生産とともに環境・防災・レクリエーションなどの機能もある．その中で都市住民による市民農園などの広がりは東京の農業にみられるもう1つの特徴である．

次に東京の農業状況を地域的にみる（図4.2.1）．東京における農家の分布は，自然条件と都市化の進展度合による農地の賦存状況に規定され，都心地域に農家はみられず，区部東部の足立，葛飾，江戸川，区部西部の練馬，杉並，世田谷の各区に多い．多摩地域においては八王子が最も多く，次いで町田，立川，小平の各市などに多く，他の市町村では檜原，奥多摩，稲城，福生，国立などを除けば一定数農家が存続している．

東京における農業生産額は，2015年に306

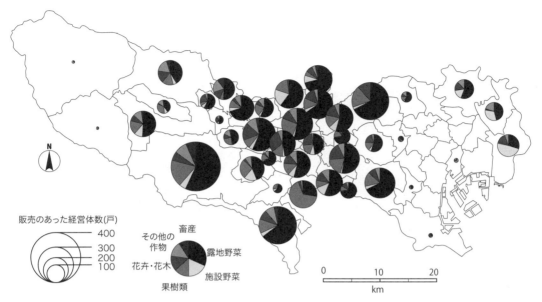

図 4.2.1　東京における区市町村別農家数と販売金額第 1 位部門別農家構成（2015 年）
資料：『2015 年農林業センサス』より作成

億円であった（農林業センサス）．そのうち，野菜の生産額は 60.1 %（184 億円）を占め，東京の農業は野菜生産を特徴としている．次いで花卉 44 億円（14.3 %），果実類の 32 億円（10.4 %），いも類 16 億円（10.4 %）である．このほか東京では乳牛，肉用牛，豚，鶏が飼養され，生産品目はきわめて多様である．これを区市町村別に販売額第 1 位部門別の農家数構成をみると，東京における各地域の農業生産の特色をみることができる．

東京の区部西部および多摩地域は，野菜生産においても露地栽培が主体であり，多種多様な野菜を季節ごとに入れ替えながら栽培する方法を採用している．キャベツ，ダイコン，トマト，カブ，ニンジンから最近の食卓に彩りを添えるスイスチャードなどが栽培される．また，これらの地域は以前から広く花卉・花木（植木），果樹の栽培も行われ，小平市はブルーベリー栽培発祥の地として，多摩川沿いの稲城市は梨，青梅市は梅（ウメ輪紋ウィルス感染による対策・再植栽中）の生産地として知られている．一方，区部東部はビニー

ルハウス等の施設において野菜栽培を行う農家の比率が高く，とくに江戸川区において顕著である．江戸川区はまた花苗や鉢花の産地でもある．毎年 7 月初旬に台東区入谷鬼子母神前で販売される朝顔の栽培地として知られている．

2. 小松菜産地　江戸川区

小松菜は江戸東京野菜の 1 つであり，同時に一般野菜として全国的に生産されている．

小松菜の起源は，現在の江戸川区の JR 総武線新小岩駅から南に下ったところにある香取神社を 8 代将軍徳川吉宗が鷹狩りの際に訪れ，青菜入りの餅の澄まし汁に喜び，小松川の地名からその青菜を小松菜と名付けたことにある．現在，日本の小松菜生産は茨城県，埼玉県，福岡県の上位 3 県で 37.1 %を占め，続いて東京都，群馬県，千葉県，神奈川県の順である（農林水産省作物統計，2017 年）．小松菜は軟弱野菜で，長距離輸送に適さず，市場に近い地域で産出される．東京都は全国生産の 7.4 %を占める主力産地であり，中

写真 4.2.2　江戸川区本一色市街地内農地
撮影：上野和彦，2019 年 5 月

写真 4.2.3　後関晩生小松菜の栽培
手前が後関晩生，奥は生育途中の F₁ 種.
撮影：佐々木智章，2019 年 2 月

でも江戸川区は 1970 年代以降収穫量が増加し，2016 年現在，栽培面積延べ 152.9ha，収穫量 2,854 トンである（東京都農作物生産状況調査）.これは東京都の収穫量の約 40％を占める.

　江戸川区の小松菜栽培は都市計画上，市街化区域の中で行われる. そのため広大な野菜畑が展開しているわけではなく，住宅地の間に残存する露地と栽培施設で行われる. 写真 4.2.2 のように江戸川区本一色の農地と栽培施設の向こうにはマンションが建ち，その右側には戸建住宅を垣間見ることができる. 露地畑にはエダマメと若干のトウモロコシが植えられ，軟弱野菜の小松菜は雨などに弱いため，施設内で栽培される. 小松菜は比較的成長が早く，晩秋から初春の時期は播種から 2 か月程度で，それ以外の時期は 1 か月弱で成長し，収穫される（年間 5 ～ 6 サイクル）.

　ところで，江戸川区で栽培されている小松菜も含めて，市場に出荷されるものは F₁ 種といわれ，同じ小松菜であっても，江戸東京野菜に認定されている後関晩生小松菜（以下，後関晩生）ではなく，品種改良されたものである. 後関晩生を栽培する農家は江戸川区東小松川地区の 1 軒だけである.後関晩生は 9 月下旬から 2 月下旬の気温が低い時期に 1 回だけ栽培される. 気温の上昇は，葉の色を黄緑色にし，生体や味の低下（苦み）をもた

らすからである. 後関晩生は F₁ 種よりも葉が大きく，柔らかく，甘みがある. しかし，生産時期も限定され，収穫・輸送時にダメージを受けることから栽培が縮小したという. 現在の出荷先は農地近くの幹線道路沿いにある直売所のみである.

　江戸東京野菜あるいは歴史的文化的遺産としての後関晩生の栽培は，「小松菜発祥の地である小松川地区には農家も少なくなったし，後関晩生を栽培している農家はなくなった. 8 代続いてきた農家として歴史ある後関晩生の栽培をやめることはできない」（栽培農家談）という農家のプライドによって維持されている.

3. 東京の水産

　東京の水産業は内水面漁業を除くと，東京湾で行う内湾漁業と伊豆・小笠原諸島周辺海域で行う島しょ漁業の 2 つに分かれ，さらに後者は大島，三宅島，八丈島，小笠原の 4 海区に分かれる.とくに伊豆・小笠原諸島は排他的経済水域で換算すれば，全国の 30％以上もの面積を有する大漁場で，複雑な地形や黒潮も影響して好漁場を形成している. しかし，東京の水産業は 1990 年代初めに 1,000 を超えていた経営体が 2000 年代になって 600 程度となり，漁獲金額も減少し，農

表 4.2.3　漁業経営体 (2013 年)

海　区	漁船非使用	漁船使用						小型定置網	海面養殖	合計
		無動力	船外機付漁船	1トン未満	1〜5トン	5トン以上	小計			
区部 (内湾)	9	0	6	14	56	18	94	0	0	106
大島	22	0	63	2	99	101	265	3	2	292
大島	22	0	50	0	28	7	85	1	1	109
利島・神津島	0	0	13	2	71	94	180	2	1	183
三宅島	0	0	18	2	18	21	59	1	0	60
三宅島	0	0	15	1	16	21	51	1	0	52
御蔵島	0	0	5	1	2	0	8	0	0	8
八丈島	3	0	4	1	17	69	91	0	0	94
八丈島	3	0	4	1	10	68	83	0	0	86
青ヶ島	0	0	0	0	7	1	8	0	0	8
小笠原	0	0	1	0	17	36	54	0	1	55
合　計	34	0	92	19	207	245	563	4	3	607

資料：『2013 年漁業センサス』より作成

業と同様，衰退傾向にある.

　さて，東京の中で最も漁業経営体数が多いのは大島海区であり，次いで内湾，八丈島，小笠原，三宅島の順である. 三宅島における経営体数が少ないのは相次ぐ火山噴火が影響している. 漁獲金額は八丈島と神津島が多く，大島は経営体が多い割には，漁獲金額は少ない.

　東京の漁業の特徴として，地先海面を利用した海面養殖業や定置網業などの経営体が少なく，一定程度の動力を持つ漁船による漁獲割合が高い. 5 トン以上の漁船漁業の割合は，八丈島海区で73.4％，小笠原海区 65.5％を占める (表 4.2.3). それは大島海区も含めて，伊豆諸島，小笠原諸島は太平洋という外海を操業区域とし，沖合・遠海漁業ほどの大型漁船を必要としないが，島周囲の漁場での操業においても一定規模の動力を持つ漁船が必要であることを示している. 一方，5 トン以上の漁船による漁業経営体の割合は，大島海区が 34.6％ (利島・神津島を除くと大島は 6.4％)，内湾 17.0％と低下する. 逆に大島海区においては漁船非使用の経営体が 7.5％，船外機付漁船が21.5％を占め，島沿岸での漁業活動を行う経営体が増加する. それは内湾漁業も同様である. そこで海区ごとの漁業の特徴を漁獲金額と同上位 5漁種によってみることにする (図 4.2.2).

　東京都労働産業局『東京の水産』(2017 年版) によれば，最大の漁獲額は八丈島の 11.5 億円で，内水面漁獲額を除いた東京の漁獲額の 27.7％ を占める. 漁獲額第 1 位の魚種はきんめだいの漁獲額 7.5 億円である. この数字は八丈島生産額の54.6％を占めるのみならず，東京の全漁獲額の18.1％を占める主力魚種である. 八丈島ではきんめだい以外のかつお，とびうおの漁獲額も大きく，それが 5 トン以上の漁船を保有する経営体割合の高さに表れている. 八丈島に次いで漁獲額が大きいのは神津島の 11.3 億円である. 漁獲額第 1 位はきんめだいが 7.4 億円，次いでめだい 1.1億円，たかべ 1.0 億円と続く. これに次ぐのが小笠原で，父島と母島を合わせると漁獲額 7.7 億円であり，その主力魚種は暖海で回遊性があるかじき，まぐろ，まだい，さらにさんごである.

　大島は漁業経営体は八丈島とほぼ同等数であるが，漁獲額は 2.3 億円とその 4 分の 1 以下で，小規模な経営体が多い. それは，きんめだい，いさき，まぐろなどの漁獲額も一定の割合を占めるが，いせえび，てんぐさ，とこぶし (貝類) などが漁獲額の 43.4％ を占めているからである. これらは島周囲の沿岸部を漁場とし，いせえびは刺し網漁であり，深さ 10m 程度の岩礁に網をしかけるが，その作業は船外機付漁船や小さい動力

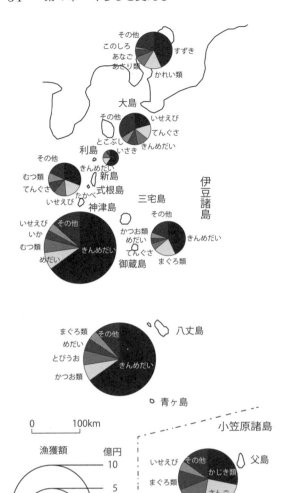

図4.2.2　海区別漁獲額と上位5位までの魚種（2016年）
資料：『東京の水産』2017年版より作成

漁船でも可能である．また，てんぐさや貝類の採集も素潜りや手作業に負うところが大きい．内湾漁業は漁獲額3.0億円と大島を上回る規模で，漁業経営体も106と，八丈島を数的には上回っている．内湾における最大の漁獲額はすずきによる1.3億円，次いでかれい類の0.5億円，あなご0.3億円，あさり類の0.2億円である．内湾には漁港がなく，漁獲物は共同あるいは自前の桟橋から卸売市場および直接流通業者等に出荷されている．

4.「江戸前」の変容

　東京湾を漁場とした漁業は，昔風にいえば江戸前の漁業である．江戸前とは，狭義では江戸城の前の海を指し，そこで漁獲された魚介類や食用海藻も含まれる．江戸前は何しろ新鮮で生きがよく，"美味い"寿司ネタとなった．しかし，江戸と現代では保存・衛生状況が違うので何らかの保存加工（塩，酢，焼）が施されていたと思われる．現在，江戸前とは，水産庁「豊かな東京湾再生検討委員会食文化分科会」（2005年）によって，「東京湾全体でとれた新鮮な魚介類を指す」とされた．それ故，前出した内湾漁業の範囲が現代の江戸前であり，東京湾で展開される多様な漁業形態を示す．かつて内湾には5,000人を超える漁業者がいて，1950年の水揚量は約3万トンと現在の100倍に近かったという．この数値は，単位面積だと日本一であり，藤井（2010）によれば東京都の内湾は世界一豊かな漁場であった．しかし，内湾漁業は，明治・大正・昭和期以降の東京湾の埋め立てと港湾整備，水質悪化によって縮小し，漁獲額も著しく減少した．とくに東京湾内の漁業権の消滅，海苔養殖・貝類採取の著しい縮小，江戸前魚種の代表であるあなごの資源枯渇は，江戸前における漁業の変容を示唆している．

　現代における「江戸前」は2つの意味をもつ．第1は漁獲量・漁獲額が減少したといえども依然として漁業生産活動を維持していることである．とくに，あなごは江戸前を代表する貴重な食材として注目されている．第2は多様な遊漁業（観光漁業）の展開である．これは海岸部での潮干狩り，遊漁船（含釣船），屋形船による東京湾遊覧である．現代の東京湾内，いわゆる江戸前は海と関係づけられながら，生産から観光までを含んでいる．

（佐々木智章）

第3節　卸売市場と商店街

1．卸売市場の分布と機能

　卸売市場法による卸売市場は，「生鮮食料品等の卸売のために開設される市場であつて，卸売場，自動車駐車場その他の生鮮食料品等の取引及び荷さばきに必要な施設を設けて継続して開場されるものをいう」（卸売市場法第二条2項）．卸売市場は中央卸売市場と地方卸売市場があり，前者は農水大臣の認可を受けた都道府県または一定規模の地方公共団体などが開設することができ，一方，後者は一定の条件が整えば民間企業も開設できる．東京の中央卸売市場は区部を中心に11市場，地方卸売市場は12市場あるが，練馬区の1市場を除けば大部分多摩地域に分布している．本節では中央卸売市場を対象とする（図4.3.1）.

　東京の中央卸売市場は1935年に水産・青果市場として築地市場が開設されたのが最も古く，豊島（青果），淀橋（青果），足立（水産）が戦前段階に開設された．戦後は港区の食肉市場をはじ

め，都内に青果，水産，花卉の各市場が設置された．しかし，築地市場は老朽化のために廃止され，2018年10月に江東区豊洲へ移転し，豊洲市場となった．

　中央卸売市場の立地は，物流の関係からJR（旧国鉄）沿線近くに立地し，とくに足立市場は常磐線から分岐した支線の隅田川駅に近く，築地市場もまた東海道本線の汐留駅に近接し，貨物支線が卸売市場内まで敷設されていた．市場の建物・敷地面積の大きい大田市場は，東海道本線貨物支線の東京貨物ターミナル駅に近接して設置された．生鮮食料品の流通と鉄道貨物輸送は密接な関係にあった．一方，1970年代以降設置された市場は，高速道路やインターチェンジ沿いの立地が顕著で，生鮮食料品の輸送が鉄道からトラック輸送へ変化したことを示している．

　東京の11の中央卸売市場の設置者は東京都である．東京都は市場参加者を決定し，設備を整えて，生鮮食料品をめぐる市場を形成させ，多様な

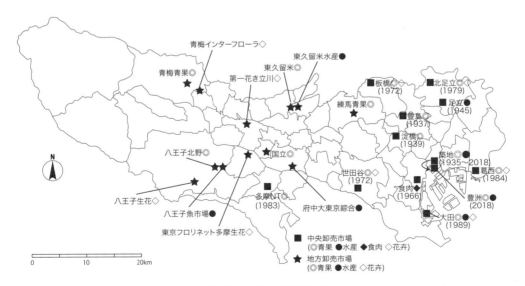

図4.3.1　東京の卸売市場
出典：http://www.shijou.metro.tokyo.jp/info/（2019年4月11日閲覧）

流通業者を介在させて，都民の消費生活を支えている．

　卸売市場は生鮮品を集荷する少数の卸売業者と仲卸業者，売買参加者との間で"市場"が形成され，せりや相対取引によって価格が決定される（図4.3.2）．そして仲卸業者から仕入れた産品を，小売業者や飲食店など市場に買出しにくる人たち（買出人という）に販売する．仲卸業者，売買参加者が市場で取引するためには市場設置者の許可が必要であるが，買出人の資格は明確でなく，その数は東京の全市場で数万人ともいわれる．図中の数字は2015年時点の築地市場を構成する市場構成者数であり，そのほか流通・保管，物販・飲食業，加工・サービス業など関連事業者が存在し，市場を支えている．また，卸売市場の周辺には一般消費者や観光客を対象とした店舗が立地する場合が多い．いわゆる"場外"市場である．1930年代から続いてきた築地市場の周辺には築地ブランド形成の一端を担ってきた多様な店舗が集積してきた．そして卸売市場が豊洲に移転した現在でも，築地"場外"で営業を継続し，新たな店舗集積を図っている（コラム3参照）．

　さて，中央卸売市場は生鮮食料品流通の要であ

り，都民の"食"を支える重要な役割を果たしている．しかし，卸売市場が公的機関によって設置されているといえども，具体的な運営は独立採算である．東京における中央卸売市場の売上額の動向を表4.3.1からみると，全市場合計の売上額は2005～2018年にわずかではあるが減少した．部門別では水産の減少率が20％近くで最も大きい．とくに足立，大田の減少が著しい．次いで花卉市場も10％程度減少して停滞的である．売上高が増加したのは，青果部門と食肉部門である．

　次に卸売市場別に売上動向をみると，部門別売上高の増減を反映し，次第に特定部門へ集中する傾向をみせている（表4.3.1）．築地（豊洲）は売上額の80％以上を水産部門に依存し，それは全卸売市場の94.3％を占め，水産部門に特化している．しかし，築地（豊洲）市場の水産部門はこの間減少傾向を示し，青果部門の安定した売上に助けられている．大田市場は水産部門の著しい減少と花卉部門の停滞を，青果部門の著しい増加によって補完する形態が顕著である．食肉市場は東京に1市場のみで，売上額を増加させている．そのほかの卸売市場は，築地，大田と比較して規模も小さく，かつ全卸売市場に占める割合も小さく，停滞的である．築地は豊洲に移転しても水産部門を主力とし，青果部門を安定的な補完部門とすることに変わりはない．一方，大田市場は水産部門から撤退し，花卉部門も安定部門として存在するが，青果部門の売上げに一層依存する構図が顕著である．

　東京の中央卸売市場は，全国の中央卸売市場売上額の青果部門で28.9％，水産部門29.3％，食肉部門47.9％，花卉部門73.0％を占める（農林水産省『平成29年度卸売市場データ集』）．こうした売上額の大きさは各部門の市場価格の決定に大きな力をもち，農・漁業産地形成にも大きな影響を与えてきた．それは「市場が産地を選ぶ」といわれたことに表れている．しかし，外食産業の広まり，小売店（コンビニも含めて）による調理

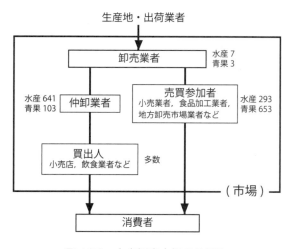

図 4.3.2　中央卸売市場の仕組み
注）数字は2015年4月1日現在，築地市場の市場関係者数（関連事業者は除く）．
出典：http://www.shijou.metro.tokyo.jp/（2019年3月11日閲覧）に加筆

表4.3.1　東京における中央卸売市場の市場別取扱品目別売上額

部門	市場	2005年		2018年		増減率
		金額（億円）	構成比（％）	金額（億円）	構成比（％）	（2008～18年）
青果	豊島	224.1	4.4	220.9	3.8	98.6
	淀橋	641.3	12.5	609.0	10.5	95.0
	板橋	347.8	6.8	283.2	4.9	81.4
	世田谷	93.1	1.8	84.7	1.5	91.0
	北足立	469.8	9.2	384.7	6.6	81.9
	多摩NT	46.6	0.9	58.2	1.0	125.0
	大田	2,261.2	44.1	3,023.0	52.1	133.7
	葛西	188.9	3.7	281.2	4.8	148.8
	豊洲（築地）	852.9	16.6	862.0	14.8	101.1
	計	5,125.5	100	5,807.0	100	113.3
水産	足立	282.9	5.5	153.2	3.5	52.3
	大田	243.6	4.5	95.3	2.2	39.1
	豊洲（築地）	4,804.2	90.0	4,129.6	94.3	86.0
	計	5,340.8	100	4,378.2	100	82.0
花卉	板橋	94.0	10.0	71.1	8.5	75.6
	世田谷	142.3	15.1	127.1	15.1	89.3
	北足立	105.2	11.1	76.6	9.1	72.8
	大田	525.9	55.8	491.3	58.5	93.4
	葛西	75.0	8.0	73.4	8.8	97.8
	計	942.4	100	839.5	100	89.1
食肉	食肉（港区）	1,139.5	100	1,340.9	100	117.6
合　計		23,956.9	100	23,389.9	100	97.6

注）2018年10月築地市場は豊洲市場へ移転したため，2018年の売上額は築地と豊洲を合算
したものである.
資料：東京都中央卸売市場『市場統計情報』のWeb版より作成
http://www.shijou-tokei.metro.tokyo.jp/index.html（2019年4月12日閲覧）

済みの惣菜など「中食」の拡大，いわゆる食品加工品の需要が高まっている．こうした食品加工品はとくに卸売市場に依存することもなく，工業製品同様，輸入品も含めて商社や食品加工企業との取引が行われる．また，生産者・産地と直接取引する小売店・飲食店も増加し，インターネットを介した取引も拡大している．また，農・水産物供給の主力である産地においても各地の卸売市場の市場価格情報を収集し，最も高値で販売できる市場を選択するという，いわば「産地が市場を選ぶ」という状況になりつつある．「農産物を積載して産地を出発した大型輸送車が目的地である卸売市場を途中で変更したり」，「漁獲した水産物を瞬時にインターネットあるいはスマートフォンによって小売店あるいは飲食店と取引する漁業者の出現」など，卸売市場を経由せずに流通する生鮮食料品等が増加している．とくに青果・水

産物流通は，1990年に卸売市場経由率がそれぞれ81.6％，72.1％を占めていたが，2015年に57.6％，52.1％と著しく低下した（農水省『卸売市場をめぐる情勢について』）．しかし卸売市場経由率の低下は，東京における商店街から青果店や鮮魚店などが姿を消し，仲卸との取引や売買参加者の市場へ参入が少なくなったこと，さらに卸売市場にすべてを依存しなくても経営可能な大・中の食品スーパー，小売店，飲食店が直接流通に参入したことにもよる．

　生鮮食料品流通において卸売市場の役割はきわめて大きい．そのために東京における卸売市場は，流通の多様化に対応した仕組みの構築と，市場に"人"が集まる方策が必要となっている．

（内藤　亮）

2. 近隣商店街の変容とコンビニエンスストア

商店街は近隣住民に生鮮食品や日用雑貨，衣料品などを供給する重要な役割を担う．また，異業種店舗の集積によって消費者の多様な要求に対応し，いわば全体で百貨店的な役割を果たしてきた．一方，商店街内部においては「協調と競争」によって集積の利益を享受することが暗黙の了解としてあった．商店街は地域住民の消費生活を支える社会資本であり，その店舗集積のあり方は街の特色となり，同時に地域社会（地域交流）の中心的役割も果たしてきた．

しかし大都市内の商店街は今，1. 独特の特色を持ち，店舗の入れ替えもみせながら維持する商店街と，2. 大型小売店等との競争によって生鮮3品の店が消滅し，商店街としての集積を失いつつある商店街，に分かれる．

ここでは前者の事例として東京都杉並区の高円寺庚申通り商店街を取り上げる．

庚申通り商店街はJR中央線高円寺駅北口に位置し，1922年の駅開業以来，都心近郊にありながら約100年にわたって近隣型商店街として商業機能を維持してきた．

図4.3.3は1978年と2015年の店舗分布である．1978年時点では食料品店や衣料品店が多く，日常的な最寄品・買回品が商店街の中心的な商品であった．また，映画館，その周辺に飲み屋街などの娯楽・歓楽機能を持つ施設もあり，かつての地方都市の中心商店街にみるような業種構成をみせていた．しかし2015年になると，中心業種であった食料品店，衣料品店などは減少したが，一方で精肉店，鮮魚店，精米店のいくつかは存続し，近隣商店街の名残を引き継いでいる．一方，古書や古玩具のように個性的な品ぞろえをうたう小売店が出現したり，新たに飲食業，理容・美容業，医療などの生活関連サービスを担う店舗が増加した．飲食店の中には，従来みられなかった多国籍料理を扱う店舗が出現し，居酒屋やスナックは商店街全体に分散立地している．また，クリニック（医療）や美容院など新しいサービス業が参入している．

かくして高円寺庚申通り商店街において1978〜2015年に継続立地した店舗は27店にすぎず，その他の8割近い店舗は入れ替わった．これまで商店街が担ってきた食料品や衣料品の販売は他地域も含めた食品スーパーやデパート・専門店（含むブランド店）がとって代わり，それらとの競合によって転廃業した店舗空間に空きが生まれ，そこに新たな業種の店舗が入ることになる．その結果が商店街の新たな業種構成である．こうした庚申通り商店街がみせる変容は商店街が単なる物品販売ではなく，地域住民に多様なサービスを提供する場となりつつあることを示している．

さて，庚申通り商店街と同様に，都内の多くの商店街の中から生鮮食料品店や衣料品店が転廃業したりするのは一般的である．それは大規模小売店舗や食品スーパーの進出がもたらした結果であった．「大規模小売店舗法」（1973年），「大規模小売店舗立地法」（1998年）はいずれも大型小売店の立地規制をめざしたが，後者は規制緩和政策の一環でもあり，環境基準（駐車場の整備，騒音防止対策等）をクリアすれば地元商店街との調整は事実上必要なくなり，大型小売店の立地が著しく増加した．とくに地方都市の郊外はモータリゼーションの進展と相まって大型小売店の進出が著しく，一方で中心商店街の空洞化が進んだ．東京においても多摩地域での大型小売店の立地が進んだが，市街地が充填化している区部の立地は，多くの場合，中型のスーパー，食品スーパーの立地はみられるものの，大型小売店の立地は困難であった．

こうした都市内の商業立地の間隙を埋めたのが，いわゆるコンビニエンスストア（以下，コンビニ）である．コンビニは，1970年代半ば，全国展開する大手スーパーチェーンが，大店法に抵触せず店舗展開できる業態を開発したことに始ま

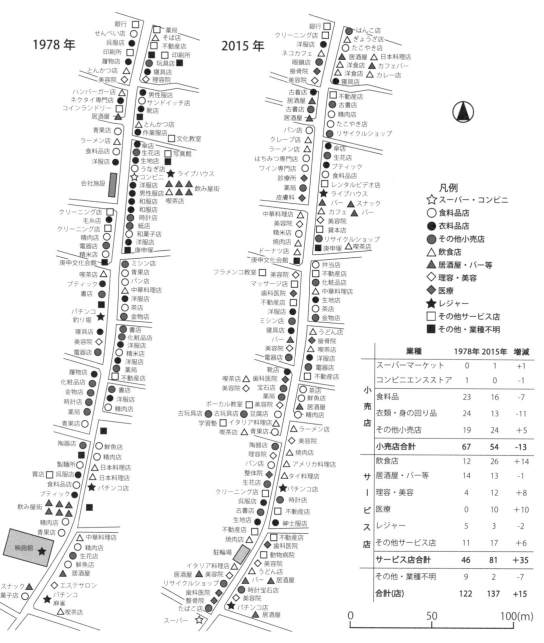

図 4.3.3　高円寺庚申通り商店街の変容
資料：筆者の実態調査により作成

	業種	1978年	2015年	増減
小売店	スーパーマーケット	0	1	+1
	コンビニエンスストア	1	0	-1
	食料品	23	16	-7
	衣類・身の回り品	24	13	-11
	その他小売店	19	24	+5
	小売店合計	67	54	-13
サービス店	飲食店	12	26	+14
	居酒屋・バー等	14	13	-1
	理容・美容	4	12	+8
	医療	0	10	+10
	レジャー	5	3	-2
	その他サービス店	11	17	+6
	サービス店合計	46	81	+35
	その他・業種不明	9	2	-7
	合計(店)	122	137	+15

る．1974 年 5 月東京都江東区豊洲にコンビニ第 1 号店が立地した．しかし，コンビニが急成長したのは 1990 年代であり，2000 年からの 10 年間はやや停滞し，2010 年以降再び成長に転じる．コンビニは，生活必需品（雑貨，食品等）および多様なサービスをいつでも，どこでも，誰にでも提供するシステムである．それ故，近隣商店街の衰退によって利便性を失った地域住民，加えて昼間人口への多様なサービスの提供はまさに時宜を得たものであった．さらに 2010 年代，コンビニは少子高齢化時代の社会的インフラとして認識されるようになり，新たな成長の機会を得た．コン

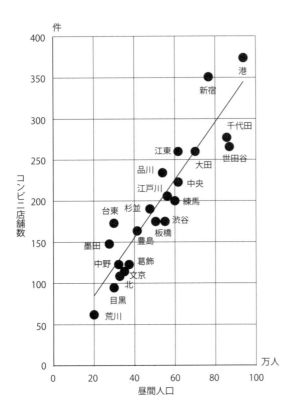

件

図 4.3.4　コンビニの立地と昼間人口（東京 23 区）
注）コンビニ数はマーケットピアによる（2019 年 4 月閲覧），昼間人口は 2015 年.
資料：http://www.homemate-research-convenience-store.com/13/,『国勢調査』2015 年より作成

ビニは 2018 年現在，東京区部に 4,540 店ある（マーケットピア）．その区別店舗数と昼間人口との関係をみたのが，図 4.3.4 である．この 2 つの指標は相関係数 0.92 を示し，きわめて強い相関関係にある．港・新宿・千代田の各区は昼間人口の規模が大きく，コンビニの数も多い．一方，荒川・目黒両区は人口規模が小さく，コンビニ数も少ない．

さて，コンビニエンスの意味は「好都合．便利．また，便利なもの．手間がいらない重宝なもの.」（デジタル大辞泉，2019）とある．しかし，コンビニが誰にとって，とくにどの場所において「便利なもの」か．そこは都心のビジネス街，中小規模のマンション群が建設された都心周辺地域，それぞれ地域の性格が異なるものの，いずれも近隣

商店街が消滅して消費生活を支える小売等店舗が減少した地域である（前者はオフィスビル内にレストランはあるが）．これらの地域に集まり，居住する人びとにとって，おにぎりや弁当，パン，惣菜などの FF（ファストフード）商品，冷蔵品やチルド品，雑貨，ちょっとした事務用品などの購入は，「便利なもの」であり，コンビニは家事の一部を担うこととなった．とくに再開発が進行する都心周辺地域において，商店街の変容と衰退は著しく，加えて金融機関，郵便局の縮小と再配置は高齢化の進展と相まって社会問題を提起し，コンビニの社会資本としての役割を増大させている．

先に取り上げた庚申通り商店街を含む杉並区高円寺北 3 丁目は人口 5,724 人，そのうち 65 歳人口は 1,037 人（高齢人口比率 25.8％），区平均高齢人口比率 20.8％より高い（杉並区および町丁人口等は 2019 年 4 月現在）．JR 中央線高円寺駅前周辺も含めれば，銀行，郵便局も立地し，一定の公共サービス，商業・サービスなど，地域住民に対する機能が維持されている．

一方，東京区部および多摩地域においては，より高齢化が進展し，商業環境が悪化しつつある．こうした地域こそ，コンビニの役割は重要である．それは商業環境を確保するとともに，コンビニ各社が整備してきた 1．ATM の設置，2．公共料金の支払いサービス，3．宅配便受け取りサービス，4．イベントチケットの販売や医薬品の取り扱い，5．高齢者向け食材の宅配や宅配弁当サービス，6．住民票の写しや印鑑証明書の発行などの行政サービス，そして 7．防犯・防災拠点としてセーフティステーション活動の実施，災害時のライフラインとして自治体との協定にもとづく災害時の食糧支援など，社会インフラとなる機能も担うからである（経済産業省，2009）．

それ故に，コンビニのあり方は一企業の問題ではなく，働き方改革も含めて地域的な課題である．

（木谷隆太郎）

第4節　水と電気の地域的需給

水とエネルギーに関わるインフラは現代生活において必須のものである．水の確保はいつの時代でも生命維持に不可欠なものであった．一方，エネルギーは人間生活の高度化にしたがって重要性を増し，東日本大震災による原子力発電所のメルトダウンと電力供給の制限は，現代の人々に大きな衝撃を与えた．

1.　東京の上水道

1.1　江戸の上水

徳川家康が関東に入国した頃，江戸の東は海岸線が迫り，現在の日比谷公園や皇居の外苑あたりは日比谷入江と呼ばれる浅海であり，西側は武蔵野台地が広がっていた．江戸の町は低地であった東側に拡大した．そこは井戸を掘っても水質は塩分が強く，飲料水に適さず，江戸の発展のためには早急な生活用水の確保が必要であった．家康は家臣の大久保藤五郎に上水をつくるように命じた．それが江戸における最初の水道である小石川上水（後の神田上水）である．しかし，小石川上水の水源や配水方法，経路等の詳細なことは現在も分かっていない．江戸の上水は，当初この小石川上水と赤坂の溜池を水源とする溜池上水によって給水されていた．江戸の拡大とともに，神田上水が造られることになった（写真4.4.1）．この上水は，井ノ頭池と善福寺池を水源とし，関口大洗堰で取水して，現在の小石川後楽園である水戸藩の屋敷に入り，水戸家の上水道，庭園池に使用された．その後は神田周辺の武家地を給水し，さらに3方向に分水しながら大名屋敷や武家地と町人地に給水された．江戸の上水は神田上水と溜池上水が支えていくが，江戸の発展は著しく，新たな上水確保が課題となった．

幕府は江戸の水需要に対応し，1652年に新しい上水の確保として多摩川の水を江戸に引き入れる玉川上水の計画を立てた．玉川上水は羽村取水口から四谷大木戸までの約43kmの上水である．1653年の着工からわずか8か月で完成した．羽村から四谷大木戸の標高差はわずかに92mの勾配だが，武蔵野台地の尾根筋を通り，四谷大木戸まで自然に流れる導水路（自然流下式）であり，その技術水準の高さと労力の投下には目を見張るものがある．玉川上水は多くの分水が行われ，江戸の町の拡大に対応した．江戸の上水は，玉川上水・亀有（本所）上水・青山上水・三田上水・千川上水，そして神田上水を含めて江戸六上水と呼ばれた．

玉川上水の開削に伴い生活用水の確保が実現すると，亀有・青山・三田・千川の4上水は廃止され，江戸後期には神田上水と玉川上水が江戸の

写真 4.4.1　移設された神田上水石樋
神田上水で使用された石樋が外堀通りの神田川分水路工事の際に発見され，東京都水道歴史館裏手に移設された．
撮影：上野和彦，2019年5月

人々の暮らしを支えた．江戸の上水システムは画期的であり，明治維新以降も維持された．しかし，この頃になると配水設備の老朽化と伝染病（コレラ）の発生によって近代水道の必要性が高まった．新たな上水システムは，玉川上水路を利用して多摩川の水を淀橋浄水場（現在は新宿西口高層ビル群となった）へ導き，東京市内に給水するもので1911（明治44）年に完成した．

1.2　現代の上水道システム

　東京における水の需給管理と運営は東京都公営企業である水道局が行っている．その給水範囲は区部と多摩地域の26市町であり，給水区域に含まれていない武蔵野市，昭島市および羽村市（未統合市）に対しても暫定分水を行っている．

　水は他のエネルギー同様，需給バランスが重要である．水の需要は基本的には人口規模による．

東京の水道局が対象とする給水人口は当然，東京の人口動向と連動し，1960年代に増加し，その後横ばいを続けるものの1990年代後半から再び増加して2017年10月に1,371.5万人となった．都市の水需要（都市用水）は，生活用水や多様な事業所や公共機関が使用する都市活動用水，そして工業用水（洗浄，冷却，原料）に分けられる．このうち生活用水（飲料水，調理，洗濯，風呂，掃除，水洗トイレ，散水など）が使用量の約70％以上（2017年）を占め，全体の使用量を規定している．1960年代から1970年代初めに1日平均使用水量は著しく増加した．これは給水人口ないし世帯数の増加もあるが，同時に水洗トイレや洗濯機など，生活スタイルの変化による家電の普及も一因である．都市活動用水（営業用水，事業所用水，公共用水）も家庭用水と同様な傾向にある．1990年代半ばから給水人口は増加した

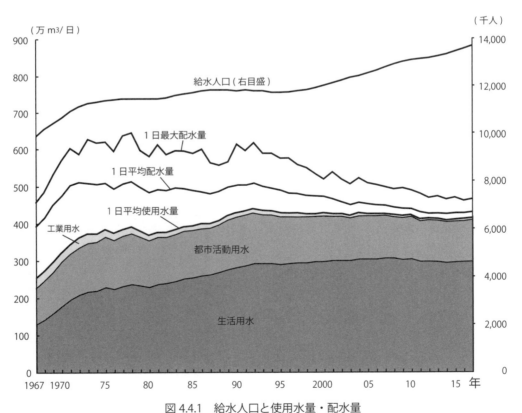

図4.4.1　給水人口と使用水量・配水量
出典：東京都水道局『事業概要』2018年版，p.30

が，生活用水及び都市活動用水としての使用量は増加せず，横ばい状態にある．これは漏水が減少したこと，それ以上に都民の節水意識が浸透したこと，同時にそれをさらに後押しする機器の普及などの反映でもある．

水需要は自然と社会の変化によって変動するものの，水供給はこの需要を上回る水を準備し，配水する必要がある．1日平均配水量は，漏水なども含まれるので使用水量を若干上回っているが，近年はその差はほとんどなくなっている．それは年間総配水量を年日数で除した1日最大配水量（m³／日）もまた同様で減少傾向にある．図4.4.1から水は1日400万 m³ 以上が必要とされ，最大配水量600万 m³ が用意されている．

東京の水は，当初は多摩川から取水し，玉川上水道を通り，淀橋浄水場（1899年，日本で最初の近代的な浄水施設）で処理され，配水された．しかし，その後の給水人口の増加によって，多摩川水系の水のみでは配水できず，新たな水源と貯水池が必要になった．それが村山貯水池（多摩湖，上1924年，下1927年竣工，以下略），山口貯水池（狭山湖，1934年），小河内貯水池（奥多摩湖，1957年）である．東京は近代水道創設期から多摩川水系の水に支えられてきたが，高度経済成長期に東京の水需要は拡大し，多摩川水系だけでは給水できず，深刻な水不足に陥った．1964年東京オリンピックの開催が迫った夏は，小河内ダムの貯水量が著しく減少し，「東京砂漠」といわれるほど深刻な状態に陥った．

そこで東京の水需要の拡大と安定供給のためには新たな水源が必要とされた．それが利根川・荒川水系と相模川水系である．これらの水源は国土交通省および独立行政法人水資源機構が管理し，東京都はそこから水の供給を受ける．1965年には利根川・荒川間を結ぶ武蔵水路が完成し，利根川からの取水が実現した．都は水源となる水系から取水し（利根大堰，合口連絡水路，武蔵水路，秋ヶ瀬取水堰，朝霞水路，北千葉導水路），それ

表 4.4.1　浄水場の概要（2018年4月現在）

水系	浄水場	施設能力（m³/日）	浄水場別構成（％）	水系別構成（％）
利根川荒川水系	金町	1,500,000	21.9	79.9
	三郷	1,100,000	16.0	
	朝霞	1,700,000	24.8	
	三園	300,000	4.4	
多摩川水系	東村山	880,000	18.4	17.0
		385,000		
	小作	280,000	4.1	
	境	315,000	4.6	
	砧	114,500	1.7	
	砧下	70,000	1.0	
	玉川	(152,500)		
相模川水系	長沢	200,000	2.9	2.9
地下水	杉並	15,000	0.2	0.2
	計	6,859,500	100.0	100.0

注）玉川浄水場は休止中.
出典：都水道局『事業概要』2018年版，p.39

写真 4.4.2　江戸川と金町浄水場取水塔（葛飾区）
撮影：上野和彦，2019年5月

を浄水場で処理し，配水することになった（写真4.4.2）．1日最大の浄水能力は約680万 m³ であり，東京の1日最大配水量を確保している．しかし，水供給を水系別にみると，利根川・荒川水系から79.9％，多摩川水系が17.0％，相模川水系2.9％と，全体の4分の3を利根川・荒川水系が占める（表4.4.1）．奥多摩町や青梅市，あきる野市などの都西縁部は多摩川水系を使用し，八王子以東はほぼすべての市区で利根川水系を使用している．利根川水系が渇水状況になれば，東京の中心地域ほぼすべてが水不足に陥る．東京の水は水源となる利根川水系の八木沢，下久保，草木，奈良俣，藤原，相俣，薗原の各ダムと渡良瀬貯水池，荒川水系の浦山，滝沢，二瀬の各ダムと荒川貯水池など，他県・他地域の水源にほとんどを依存し

ている．その結果，水の利用と維持にあたって東京は水源地域である諸県に対する責任を負い，同時に広域連携が欠かせない．

　水は有限で貴重な資源である．ダム等による水資源の開発は今後困難になっていることを考慮すると，節水型都市に向けた努力を行っていくことが重要である．その1つが再生水事業である．これは下水処理水を高度処理することにより新たな水資源としてトイレ用水，清流復活事業などに利用しようという試みである．

2. 電力の地域的需給

　東京における電気の供給はガス灯の設置から12年後の1882（明治15）年，東京の銀座に日本初の電灯が設置されたことに始まる．1886年日本初の電力会社東京電燈が開業し，鹿鳴館に日本ではじめての電灯が点灯した．その後，麹町

や神田など5か所に火力発電所が建設され，電線による配電を始めていった．1887年日本橋茅場町に25kwの発電所，1895年に浅草発電所（200kw）が建設された．後者は，関東大震災（1923年）で倒壊し，その跡地は東京電力蔵前変電所となっている．

　さて第二次世界大戦後の東京における電灯・電力使用の推移をみると，復興期から2000年まで，一般家庭および商店などの電灯使用量，また大規模事業所や工場などの大口消費を対象とした電力使用量は一貫して増加し，急速に"電化"したことを示している（図4.4.2）．例えば家庭内に"三種の神器"をはじめ電化製品があふれ，さらに通信機器の普及など家がまるごと電化され，電気の消費が増えた．当然，多様な製品を製造する大規模事業所等も製造機械の刷新などで電力消費が進んだ．宇宙ステーションから地球を観察すると，日本列島が光り輝く島のように見えるようになっ

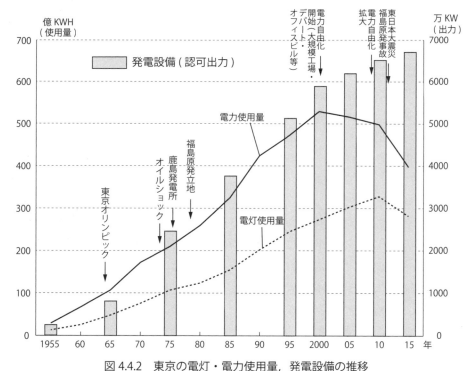

図 4.4.2　東京の電灯・電力使用量，発電設備の推移
注）電灯使用量は住宅や商店など，電力使用量は大規模事業所など．
資料：各年『東京都統計年鑑』より作成

た.

これまで電力供給は，エネルギー政策によって全国を8つに分割した電力会社による地域独占の状況にあった．その中で東京，関東各県，山梨県，静岡県の一部（富士川以東）は東京電力の管轄であった．しかし，2000年に大口消費者を対象として電力の自由化が開始され，2016年から小口消費者，いわゆる一般家庭も自由化の対象となり，電力市場に新たな企業が参入することになった．今日，まだシェアは小さいがガス会社，石油企業など，多様なサービス企業が参入している．2000年以降における大口電力消費の減少傾向は電力自由化の影響を少なからず受けたものである（図4.4.2）．それに加えて2010～2015年の電灯・電力使用量の減少は，東京電力原子力発電所（福島）のメルトダウンによる操業停止とその代替（新）エネルギーへの転換や企業及び家庭による電力供給会社の選択を反映している．

ところで当然のことであるが，電灯・電力使用を支えるのが発電である．電気はその時の必要な量が発電され，すぐに需要者に向けて送・配電される必要があり，また長距離送電はロスが生じる．蓄電はなかなか難しく，近年みられるようになった家庭用蓄電池もきわめて高価である．それ故電

力会社は電力需要を予測し，それに対応した設備を建設し，稼働させる．東北地方太平洋沖地震による福島原発の停止によって政府と電力会社は，電力消費者に一定時間の送電停止（停電）と節電を求め，需給均衡を図った．すなわち，発電設備は最大電力需要予測に対応して整備されているが，その稼働は使用量の変動に対応している．東北地方太平洋沖地震は発電設備の喪失と稼働停止をもたらし，需給バランスを失ったのである．東京電力は火力発電設備等を整備し，発電設備（認可出力）も，すべて稼働している訳ではないが，増加傾向にある．

東京電力HPによれば，最大出力設備は約6,400万kwである．その内，火力（石炭・石油，LNG）が4,110万kw（64.6%），原子力が1,261.2万kw（19.8%），水力987.2万kw（15.5%）である．しかし，原子力発電は2019年5月現在，福島・新潟共に操業が停止されていて，東京の電力は火力と水力発電に依存している．水力は稼働の融通性が高く，電力の需給調整に大きな役割を果たしている．また近年，発電量1%にも満たないが，太陽光発電など新エネルギーによる発電もある．

さて，東京電力は消費者の最大電力需要を満た

表4.4.2 発電所設備と最大出力（2017年）

都県	水力		火力		原子力		新エネルギー		合計	
	発電所数	最大出力(kw)	発電所数	最大出力(kw)	発電所数	最大出力(kw)	発電所数	最大出力(kw)	発電所数	最大出力(kw)
福島	15	354,930	1	4,400,000	1	4,400,000	—	—	17	9,154,930
栃木	23	2,206,300	—	—	—	—	—	—	23	2,206,300
群馬	42	2,912,040	—	—	—	—	—	—	42	2,912,040
茨城	—	—	2	7,660,000	—	—	—	—	2	7,660,000
千葉	—	—	4	16,740,000	—	—	—	—	4	16,740,000
東京	(1)	(50)	2	2,190,000	—	—	1	3,300	3	2,193,300
神奈川	12	45,590	4	10,111,000	—	—	2	20,000	18	10,176,590
山梨	29	1,456,280	—	—	—	—	1	10,000	30	1,466,280
長野	32	2,504,460	—	—	—	—	—	—	32	2,504,460
静岡	3	18,400	—	—	—	—	1	18,370	4	36,770
新潟	7	374,200	—	—	1	8,212,000	—	—	8	8,586,200
合計	164	9,872,200	13	41,101,000	2	12,612,000	5	51,670	183	63,636,870

注）東京の水力は御蔵島の設備.
資料：東京電力ホールディングスHPより作成

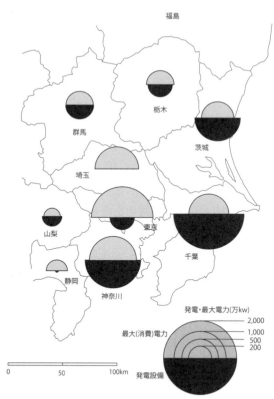

図 4.4.3　電力の地域的需給関係（2015 年度末）
資料：東京電力ホールディングス（http://www.tepco.
co.jp/corporateinfo/illustrated/business/business-
scale-area-j.html）より作成

写真 4.4.3　東京電力品川火力発電所
撮影：上野和彦，2019 年 6 月

すために，183 の発電所を立地展開させている．
発電所数が最も多いのは群馬県 42，次いで長野，
山梨，栃木の順であり，水力発電の数が反映され
ている．一方，発電を最大出力別にみると，千葉，
神奈川，福島，新潟となり，前 2 者は火力発電
によるものであり，後 2 者は原子力発電の大き
さを反映している．

　次に発電所の立地（都県ごとの最大出力）と電
力消費の関係をみることにする（図 4.4.3）．

　2015 年 8 月 7 日，東京は最大電力需要 1,425
万 kw を記録した．埼玉県も同日 702 万 kw で
あった．しかし，最大電力需要をまかなう東京の
最大出力（設備）は 224.7kw，充足率は 33.0%
である．一方，神奈川，千葉，茨城なども最大電
力需要が大きいものの，最大出力が大きく上回
り，余剰電力が生じている．とくに千葉県は最大

出力 1,850.6kw，最大電力需要 602kw，充足率
307.4% であり，余剰分は東京，埼玉の不足分を
補う構造になっている．それは水力発電及び火力
発電の立地が自然環境，資源，港湾などに規定さ
れた結果である．それにしても東京圏，もう少し
拡大して首都圏あるいはかつての東京電力管轄地
域における電力の地域的補完関係は当然のことと
しても，福島県，新潟県，長野県に立地する発電
所において発電された電力はその多くが東京圏・
首都圏に送電され，不足する電力を補完する役割
を担っている．いわばこれらの諸県は東京圏への
電力供給地域であり，その地域における電力需給
とは基本的に切り離されている．ちなみに『福島
県における電源立地の概要（2014 年版）』（pdf
版）によると，福島県の発電電力量は東日本大震
災の前年の 2010 年に 106,705 百万 kwh のうち
91,009 百万 kwh，実に 85.3% が県外移出されて
いた．この傾向は原発が停止し，発電電力量が
減少した 2013 年においても変わらず，649,966
百万 kwh のうち 50,836 百万 kwh（78.3%）が
県外向けである．

　東京の電力は自前では調達できず，他地域依存
の構造になっているが，それを若干でも脱却する
ためにも新エネルギーの導入が必要である．

（有賀夏希）

東京工業の革新：
歴史と産業の持続性

　自転車は家庭でも最低1台は所有されているという簡易な交通・運搬手段であり，業種分類では輸送用機械である．その中で，いわゆる"ママチャリ"といわれる一般車や，スポーツ車の大部分が中国・台湾からの輸入である．しかし，1950～1960年代における東京の自転車産業は台東区に卸売機能を集中させていたが，具体的な生産機能は荒川区が中心であった（竹内，1958）．1956年の『荒川区商工名鑑』掲載企業を分類整理すると，当時，完成車メーカー11（ゼブラ，関根両自転車工業，丸石商会など），部品製造（フレー

ム，ハンドル，ブレーキベル，スタンドなど）は171，部品加工（塗装，メッキ，研磨など）105が数えられ，日暮里から町屋，尾久の市街地に立地していた（図コラム2.1）．部品メーカーの中にはツール・ド・フランスで採用されたハンドルを生産するメーカーもあった．しかし，メーカー及び部品メーカーは市街地のさらなる都市化によって工場を郊外に移転し，それによって加工工場は自転車生産から業態を転換した．さらに大阪・堺の自転車生産の拡大とその後の中国からの輸入拡大によって自転車工業はほぼ消滅し，今では荒川区が"自転車づくりのまち"であったことを知る人は少ない．それでも自転車生産の伝統は現在でも新しい形で引き継がれている．

　M自転車（西日暮里）は，創業1945年，自転車フレーム加工を行うフレームビルダーで，自社ブランドをもっている．受注はプロショップや自転車競技者からが多いが，近年は技術を生かした多様な生産を行っている．M自転車は，継ぎ手とパイプを購入後，CADによる設計を経て，曲げ・溶接・メッキ・塗装などの加工を施し，ハンドメイドの自転車フレームを製造している．外注先は大部分荒川区内で，塗装とメッキを委託している．

　大都市東京内部の工業はかつてのものづくりの伝統的基盤の上に成立している．

（上野和彦）

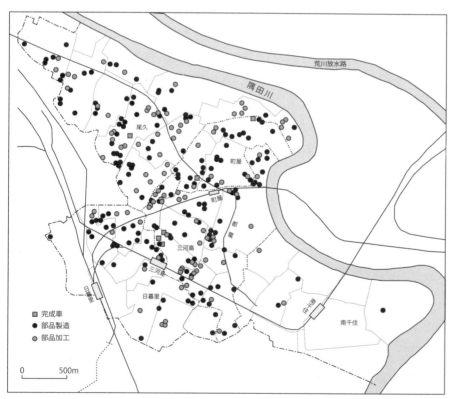

図コラム 2.1　荒川区自転車製造業の分布（1956年）
資料：『荒川区商工名鑑』1956年版より作成.

68

コラム3

築地から豊洲へ

銀座の高級料理店も，リーズナブルな料金でランチを提供している．築地市場へは短時間で行くことができ，朝仕入れた食材を昼には調理して客に振る舞うことができる．「美味しかった」という客の評判は，夕方からの店の経営に影響する．店の評判は，料理人（シェフ）の「腕」と食材を調達する買出人（料理人自身の場合もある）の「目利き」，そしてこれらの要求に応え，食材を厳選して準備する場内の仲卸店や場外の専門店の存在による．料理人・買出人・仲卸・専門店の食に対する意識と行動が築地の食材の評価を高め，それが「築地ブランド」と言われるようになった．

2018年築地市場の閉場後，移転しなかった場外市場のにぎわいを維持するために，中央区は鮮魚市場「築地魚河岸」を新設した．仲卸を経営母体とする小売店が約60店舗ほど入居している．開業後の試行錯誤を経て，品揃えも充実し，買出人も増えつつある．築地場外市場では，2010年前後から団体観光客や外国人観光客が増え始めた．この傾向は市場移転後も変わりなく，最近では買出人や一般消費者よりも多いのではないかと思われる時間帯もある．卸売市場の豊洲移転後は，観光客相手の土産品店や寿司店・海鮮料理店などの飲食店が目立つようになり，食のテーマパーク化しつつある．

一方，移転先の豊洲新市場はある意味で誰もが自由に出入りできた築地とは異なる閉鎖型施設である．そこには衛生管理がしやすく，温度管理が自由にできる巨大な冷蔵ビルも用意されている．産地から送られてきた水産物や青果類は，低温のまま出荷できる「コールドチェーン（商品の温度管理）」に対応し，商品の小分け包装の施設もあり，スーパーや外食チェーン店などの大口需要者からの期待も大きい．一方，豊洲市場への公共交通機関がゆりかもめと，都バス2路線のみで築地に比べ不便である．そのためか小口買出人の数は減っている．小口買出人は，市場での取引を止め，電話やインターネットなどで，仕入代行業者との取引を増やしている．それは料理人，買出人，仲卸・専門店との関係性を変化させる兆候である．伝統的な築地ブランドが「豊洲ブランド」に移行できるのか．開場間もない豊洲市場は，市場慣行と規則の改正，施設設備・交通機関等の整備などが求められる．「築地ブランド」も歴史的な信頼関係によって構築されたとすれば，「豊洲ブランド」創出には相応の時間が必要である．　（石田典行）

写真コラム3.1　築地市場（仲卸）
撮影：石田典行，2018年10月

写真コラム3.2　移転先の豊洲市場
撮影：石田典行，2018年11月

第5章　安心・安全なまちづくり

第1節　自然環境と災害

1. 東京の地形

　東京の地形は西から東に向かって高度を低下させながら、山地・丘陵・台地・低地と移り変わる（図5.1.1）。地形別の面積比率は、山地が44.3%、丘陵8.6%、台地32.8%、低地14.3%である（1982年度国土数値情報作成調査）。地形の平坦地と傾斜地で比較すると、面積の約半分以上は傾斜地で平坦地は少ない。一方、台地の面積比率は山地に次いで高く、その比率は47都道府県中3番目に高い。ここに東京の地形的特徴がある。

　東京の地形形成史を概観すると、第三紀後半、山地は隆起しつづけながら侵食され、その砂礫等によって山地の東側に扇状地性の地形が形成される。それがさらに侵食を受けて丘陵ができた。丘陵はその後も侵食を受けた。最終間氷期の温暖化

でいったん海進が進み、その東側の海底に平坦面が形成される。それが再び寒冷化によって海退し、陸化した。さらに多摩川が扇状地を形成し、それらが開析され武蔵野台地となった。その南部は平坦面の侵食による谷や多摩川による河岸段丘もみられる。武蔵野台地東縁の段丘から東は最終氷期以降の沖積地が分布している。

1.1　山地・丘陵

　東京西部の山地は関東山地に属し、日本列島の形成とともに隆起してできたものである。関東山地は古生界、中生界、第三系からなる壮年期の山地で、部分的には谷の中に小規模な河岸段丘が断続的に発達している。第三紀後期の鮮新世に隆起し始め、現在もそれが継続している。最高峰は最西端の雲取山（2,017m）であるが、平均的には

図 5.1.1　東京都における地形区分
出典：町田　貞（1967）：『日本地誌 第7巻 東京都』二宮書店, p.15

1,500〜2,000mの高さの山地であり，東の山麓部では600m位と低くなる．

6つの丘陵（加治・狭山・草花・五日市・加住・多摩）は，東西方向に連なり分布している．多摩丘陵の地形は少なくとも13万年以前には形成され，多摩川右岸の東京の南部に広く拡がり，標高220〜230mから町田付近の標高70mくらいまで続いている．丘陵を構成している地層は，第三紀鮮新世から第四紀更新世にかけての砂層・礫層で，三浦層群と呼ばれ，扇状地性の堆積物として堆積し，その後の侵食作用により丘陵化していった．丘陵の地表面には多摩ローム層以降の厚い火山灰層が堆積している．

1.2　台地（洪積台地）

東京の台地は，一般的に武蔵野台地と広く呼ばれている．台地は標高160m付近から東に向かって高度を減じ，東端ではおよそ20mになる（図5.1.2）．武蔵野台地は，形成時代の異なる台地の組み合わせからなり，それぞれの台地面の傾斜や高さが異なっている．

その表層地質は，淀橋台や荏原台などでは最終間氷期（温暖期）の海進により，12〜13万年前に堆積した海成層である．また，成増台，豊島台などと武蔵野台地中央部ではおよそ5mの武蔵野礫層（約10万年前），多摩川沿いは立川礫層（ともに河成層：扇状地礫層）である．これらの河成層や海成層の表面を，赤土や関東ローム層などと呼ばれる，主として富士山や箱根火山の火山灰層が数mの厚さで覆っている．

武蔵野台地の東部・東南部の淀橋台や荏原台などの地域は，海成層が陸化した台地面（つまり海成段丘面）とされている．台地面の勾配は緩いが，台地を刻む侵食谷は深く，樹枝状に密度高く発達している．本郷台だけは約8万年前に荒川の堆積した砂泥層によって形成され，離水して台地面になったと考えられている．

武蔵野台地中央部や成増台・豊島台・目黒台は，

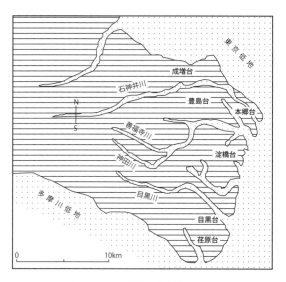

図5.1.2　武蔵野台地概念図

注）武蔵野台地の主な河川と地域名．図中のN−Sは図
　5.1.3の地形断面図の位置．
　　出典：松田（2013），p.27を簡略化

関東山地から流れ出た多摩川が網状流を形成しながら流下して発達させた扇状地である．台地を流れる石神井川，神田川，善福寺川などの中小河川は小さく蛇行しているが，大局的には直線的で浅い．これは扇状地形成期の多摩川の河道跡を，台地内の湧水池を水源として流下した河川が，台地化された後の火山灰層を流しながら形成した谷である．それ故，ローム層の厚さとほぼ一致する谷が多く存在する．

多摩川に面した台地南側の一段低い台地面は，最終氷期（寒冷期）に海水面の低下により多摩川がその面を侵食し形成した河岸段丘面である（約2万年前）．

台地の縁は急傾斜な崖（段丘崖）が連続して台地と低地を分けている．これらは，「はけ（ハケ）」などと呼ばれ，武蔵野台地南側の崖は，国分寺崖線や府中崖線などと呼ばれている．これらの段丘崖は台地面が形成された後に低下していった多摩川に侵食されてできた崖である．JRの線路が上野駅から赤羽駅までその崖下を走っている台地東側の本郷台の崖は，縄文海進時に形成された海食

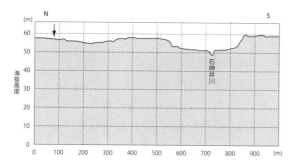

図 5.1.3　西東京市保谷町周辺の南北地形断面図
注）台地上のほぼ平坦な地点であるが, 石神井川の谷と両
側の平坦な台地面がある. ハザードマップの浸水予測
地点の低さは判別できない. 矢印は図 5.1.5 の地点.
資料：国土地理院地図より作成

写真 5.1.1　台東区立浅草公会堂入口
左斜め前方（隅田川側）に向かって少し高くなってい
く階段の設置で理解できる微妙な高さの違いが砂州の
高まりを示す.
撮影：原　芳生, 2007 年 3 月

崖である. 台地は多くの河川が流れ侵食して谷を
形成している（図 5.1.3）. 台地内には谷の斜面や
崖が多いので, 東京は坂の多い街などといわれ,
「坂」や「谷」,「台」などの地形由来の文字が地
名に付くことが多い.

1.3　低地（沖積低地）

　低地は, 東部の東京低地と, 多摩川河口から流
路に沿う多摩川低地であり（図 5.1.1）, 砂州, 自
然堤防などの微高地, 旧池沼, 後背湿地, 三角州,
干拓・埋立地などに区分される.

　東京低地は, 最終氷期以降に東京湾に流入して
いた利根川の沖積低地（主として三角州）である.
利根川の支流と考えられている荒川や中川などの
河川は, 近世以降にいくたびか流路が変更された.
とくに利根川は本来, 現在の江戸川のあたりを流
下していた.

　徳川家康が入府する以前, 神田川や平川の流出
土砂によって砂州が形成され, 江戸前島が張り出
していた（現在の東京駅付近）. その内側の日比
谷入江を埋め立て, 江戸城を中心とした城下町の
建設が行われた. 浅草の浅草寺も微高地である砂
州の上に建立されたもので, 現在でもわずかな高
まりが確認できる（写真 5.1.1）

1.4　島しょ部

　東京都の島しょ部は, 大別すれば伊豆諸島と小
笠原諸島である. 伊豆諸島は大島, 三宅島, 八丈
島などの伊豆七島で, 第四紀の火山活動によって
形成された火山群島である. それらの火山島は富
士箱根伊豆国立公園に含まれ, ジオパークに指定
されている（第 3 章第 4 節参照）. 伊豆大島の三
原山や, 三宅島の雄山などの火山は, 20 世紀に
もたびたび噴火し, 島民が一時全島避難を余儀な
くされる事態が発生している.

　小笠原諸島は都心から南におよそ 1,000km に位
置する小笠原群島と火山列島（硫黄列島）及び 3
つの孤立島（西の島, 南鳥島, 沖ノ鳥島）から成
る. 海洋島という形態の中で数多くの固有種が見
られる多様性を持った「生態系」が存在しており,
ユネスコの世界自然遺産に指定されている.

2.　中小河川と内水氾濫

2.1　内水氾濫とその変質

　自然現象が発生しているだけでは災害ではな
く, その現象が人間生活に対して何らかの負の影
響がみられてはじめて「自然災害」になる. 東京
に被害を及ぼす自然災害は多種あり, 風水害も大
きな被害をもたらすが, その発生状況は変化して
いる. 河川の洪水災害は東京に古くから被害をも

たらす都市型水害である.

　平地で強雨のため雨水が排水しきれず,排水用の水路や小河川が水位を増し溢れ出して発生する洪水は「内水氾濫」である.近年都市型水害の多くは内水氾濫である.一方,本流の河川の水が自然または人工の堤防を越流または破壊して外に溢れ出て浸水・洪水を起こす現象は「外水氾濫」という.国土交通省の統計によれば,1993年から2002年の10年間で,内水による被害額の全水害被害額に対する割合は,全国平均では46%であるのに対して,東京都は80%にも達している.

　自然状態の地表面であれば雨水はまず地中に浸透する.しかし,都市化が始まると建築物ができ,道路が整備されて不透水面(降雨が浸透しない地表面)が増加する.雨水は地表面を流れ出し河川に流入し,流量を急激に増加させ,流速も速くする.台地部では中小河川に急速に流出して氾濫し,低地部でも地面より高い河川水面への排水が不良になり溢水し(低地の湛水型内水の氾濫),内水氾濫がすすむ.都市化が進むほど流出量が多くなり,人口増加で被災対象も増加していく.

　1958年の狩野川台風の頃から東京の水害が変質してきた.低地の水害から台地の水害への変質である.水害の山の手化といわれたりするが,台地の中小河川での内水氾濫(山の手水害)が多く発生するようになった.狩野川台風による浸水被害は武蔵野台地を流れる石神井川水系や神田川水系などの中小河川で新たに多く発生した.

　東京では内水氾濫の発生件数は1970年代にピークになったが,以降は減少している.中小河川に対する各種の対策が取られたことによるが,内水氾濫の発生状況はさらに変質してきた.1980年代後半になると広域に発生することはなくなったが,局所的な内水氾濫は増加してきた.

　図5.1.4は2000年前後の流域別単位面積(100km^2)当たりの浸水被害棟数である.これによると,都内の浸水被害棟数は低地の隅田川流域よりも台地内の神田川水系などの中小河川流域に多い.

　狩野川台風の降雨は台風・前線性豪雨で,1時間最大雨量はそれほど多くはなかったが,24時間雨量は多かった.それに対して2010年の「平成22年7月豪雨」では1時間最大雨量は多く,雷雨性豪雨であった.そのため,内水氾濫は局所的になった.1980年代後半以降,都内の浸水家屋数が年間5,000棟を超す年もある.

　その要因は大都市における降水状況の変化(時間雨量の増加)で,台風・前線性豪雨から雷雨性

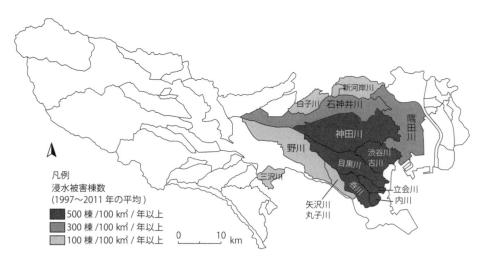

図5.1.4　流域別被害棟数の分布(1997年〜2011年)
出典:東京都(2014):『東京都豪雨対策基本方針(改定)』(pdf版),p.16

豪雨への変質である．都市化が進み，地表面の乾燥化や気温の上昇などのヒートアイランド現象が顕著に発生し，局地的な上昇気流・積乱雲の発生をもたらし，雷雨性の豪雨が局地的に発生するためであると考えられている．

2.2　水害対策

東京都は，2014年に『東京都豪雨対策基本方針』の改定を行い，総合的な治水対策として堤防建設などのハード対策と，ハザードマップや浸水予想区域図作成などのソフト対策を基本としている．目標とする時間最大雨量を，区部では75㎜，多摩部では65㎜と設定変更した．降雨特性の変化などの自然現象の変化や，地下空間への都市の拡大（地下鉄路線の過密化や大規模地下街の発達）など社会状況の変化の双方に対処することとした．

ハード対策としては，低地部の大規模水害に対してスーパー堤防の整備など堤防の改良や排水機の増強，水門管理システムなどの対策が続けられている．台地部では，河道の整備，調節池（広域調節池・堀込式調節池・地下式調節池）・分水路の整備，貯留施設の建設などが行われている．透水性舗装や雨水浸透ますの設置など，流出の抑制も行われている．

台地では，例えば水害実績図によると石神井川水系の谷の部分は，上流から下流までほとんどの地域で水害を経験している．台地の内水氾濫は近年でも発生するが，その規模は小さく回数も少ない．石神井川水系には，現在4箇所の大型調整池や分水路などが整備されている．石神井川の上流部に位置する西東京市付近では，都市化する前は平常時の水流は幅2m，水深50〜60㎝くらいであった（写真5.1.2）．内水氾濫対策の改修後は3m近く掘り下げコンクリートで溝状に固めた構造にした（写真5.1.3）．

ソフト対策としては，洪水ハザードマップや浸水予想区域図などの防災地図類，過去の水害記録

写真5.1.2　現西東京市南町4丁目付近の石神井川（1960年）
出典：西東京市図書館編（2011）：『なつかしの田無・保谷』，p.81

写真5.1.3　写真5.1.2と同一地点の石神井川（2019年）
河川改修が行われ，左側は平常時は駐輪場として利用されている遊水池.
撮影：原　芳生，2019年4月

や実績図などの水害情報の提供も行われている．降雨量や河川水位などの洪水情報の収集や予警報システムの確立などもある．これらの情報は東京都のホームページに提示されている．

2.3　ハザードマップ

ハザードマップとは危険な自然現象が起こり得る地域を示した地図である．それは避難情報などを住民に知らせる地図であり，災害リスクを示す地図でもある．とくに洪水対策のための洪水ハザードマップは，2005年改正の水防法で，各自治体は中小河川に対してもその作成・公表を義務

付けられ，全国自治体のほとんどで達成されている．台地のハザードマップは，中小河川の内水氾濫に対しての防災地図である．ハザードマップを見たことがある人の被害はそうでない人よりも被害の程度が軽く，避難の時間が早く少ないという報告もあり，その有効性が認められている．

　東京の各自治体は，国土交通省が提示したハザードマップ作成マニュアルにより，東京都がシミュレーションで作成した浸水想定図をもとに，避難所の位置や防災マニュアルなどを加えたハザードマップを公表する場合が多い．洪水ハザードマップでは，2000年に発生した東海豪雨を想定し，その時の豪雨の状況で起こりうる予想浸水深をメッシュ毎に色分けして提示している．1メッシュは約50m四方の広がりがあり，メッシュの予想水深は0.2〜0.5m，0.5〜1.0m，1.0〜2.0m，2.0m以上と4段階に区別している．メッシュ内は単一に評価されており，全域を詳細に評価しているわけではない．故にメッシュ内の位置によって標高が異なる場合もあり，浸水の危険度も異なるが，それは地図からは判別できない．ハザードマップの読み取りの難しさと限界も指摘されている．

　西東京市で例を挙げれば，平坦な台地面でも浸水の危険性があるメッシュが多数存在する．現地

図5.1.5　西東京市保谷町周辺のハザードマップ
出典：西東京市浸水ハザードマップ（平26情使，第726号，発行：西東京市，地図調製：中央ジオマチックス）を一部転載，矢印加筆

にいても注意深く観察しないとその危険度は分かりにくい．写真5.1.4は図5.1.5の矢印方向を眺めているが，道路がわずかに坂になって手前が低いことが，道路の縁（右側）の盛土留めのブロックと道路面が斜めになっていることから理解できる．故に手前側の浸水の危険性を予想できる（図中の着色されたメッシュ：0.5m以下．地形断面図は図5.1.3）．自治体（災害対策実行者）は，安全のためメッシュ内は全体がその予測値だと考え，危険な状態と見なし，とりあえずの避難を呼びかけている．

　最終的には各自が周囲の景観などを日常的に注意深く観察し，危険な状況を予想し，それを安全の確保や避難行動に生かすことが大切である．

（原　芳生）

写真5.1.4　西東京市富士町の路面傾斜
わずかな路面の傾斜が右側の路肩のブロックの厚さで確認できる．遠くのトラックのある場所は浸水予想区域ではない．
撮影：原　芳生，2019年3月

第2節　災害と都市構造

1. 都市と災害

　都市災害とは，それが自然現象に起因するものであっても都市がもつ特徴によって，より被害が複雑化し，拡大することをさしている．東京における災害要因は大きく2つに分かれる．第1は台風や前線に伴う豪雨による洪水である．これも東京東部を流れる荒川，江戸川など大河川の氾濫による被害と，台地上の中小河川の氾濫がある．また，都内全域でみられるようになった雨水による浸水被害である．これは下水処理能力の限界を超え，道路・住宅地に浸水したり，地下鉄や地下街に流れ込んだりして二次的被害をもたらす現象である（第5章第1節参照）．第2は大地震の発生時における被害である．地震による被害は，もともとの地盤特性（地質など）に加え，人口密度，建物の密度・耐震度・不燃化度，そして道路・公園空間の存在など，地域のあり方と密接に関係し，二次的被害の可能性がきわめて高い．本節は後者の震災と東京の都市構造との関係に焦点をあてる．

　アメリカの都市社会学者バージェスは『都市の成長』（1925年）の中で都市成長の地帯構成を示した．ⅰ 中心業務地区（C.B.D.），ⅱ 漸移地帯，ⅲ 労働者居住地帯，ⅳ 住宅地帯，ⅴ 通勤者地帯である．日本とアメリカでは都市の意味やあり方も異なり，この論理をそのまま東京に適用させることはできないが，ⅰは千代田・中央・港の都心3区，そして場合によっては新宿，渋谷の副都心がほぼ相当する．ⅱは日本の場合，軽工業地区であり，スラム化した地域も散見するが，どちらかといえば職住一致の産業地域である．そして同時に，比較的低廉な住宅も存在することから，バージェスのいうⅲ（労働者居住地帯）と合体化した

地帯とみることができる．ⅳの住宅地帯は日本も同様で都市化地域である．しかし，より郊外の上流階級の郊外住宅地区（ⅴ）は日本の場合あまりみられず，これもまたⅳと同様な住宅地域が連続するとみる．すなわち，東京はⅠ都心，Ⅱ周辺，Ⅲ外周（郊外）と大きく3つの地帯からなる（図5.2.1-a）．これにおおむね5年ごとに，東京都が発表する地震に関する町丁目別の総合危険度（建物倒壊危険度，火災危険度，災害時活動困難度）の地図を重ね合わせると，都心周辺の漸移地帯と

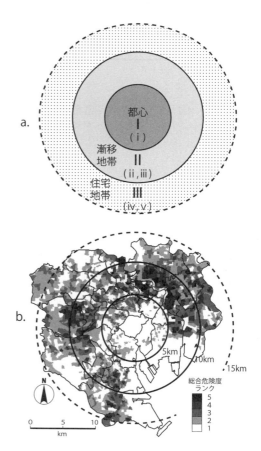

図 5.2.1　都市構造と地震に関する総合危険度
資料：東京都都市整備局（2018）：『地震に関する地域危険度測定調査報告書（第8回）』（pdf版），377p. より作成

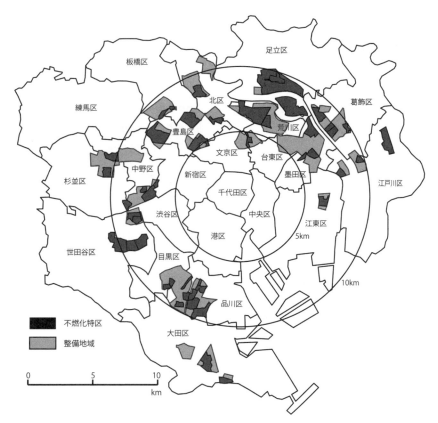

図5.2.2　木造住宅密集地域に指定されている地域（特区と整備地域：2013年指定）
資料：東京都都市整備局HP（http://www.toshiseibi.metro.tokyo.jp/bosai/mokumitu/
pdf/0_ichizu.pdf）より作成

住宅地帯の内側，すなわち，都心から5〜10km前後の地帯に大きな被害が出ると予想されている．このような危険度の高い地域は，第二次世界大戦前に無秩序に職住一致の市街地が形成され，その後も都市計画による整備が進行しないまま残された地域，いわゆる木造住宅密集地域（以下，木密地域）と呼ばれる地域を包含し，従前から災害対策の必要性が指摘されている（図5.2.1-b）．

　木密地域とは，道路や公園等の都市基盤が不十分であり，古い木造家屋が幅員の狭い街区に面して密集する地区を指す．東京都では，老朽木造建築物棟数率30％以上，住宅戸数密度55世帯/ha以上，（補正）不燃領域率60％未満のいずれにも該当する町丁を木密地域としている（東京都，2016）．木密地域では，広場や公園等のオープン

スペースが少なく，狭い街区に建物が密集していることから，震災発生時には同時多発的な火災による延焼・類焼の大きな被害が想定されている．また，老朽化した木造建物は倒壊危険性が高く，それらの倒壊は避難道路を閉塞し，公設消防の活動や災害時避難を極めて困難にさせるなど，防災上多くの課題をかかえている．

　また，木密地域は，区部面積の約20％に相当し，環状6号線（山手通り）から環状7号線に挟まれた地域や荒川沿いにかけて同心円状に広がり，「木密ベルト」とも呼ばれる（図5.2.2）．木密地域の多くは，関東大震災後に都市基盤が未整備のまま人口が流入し，農地が無秩序に市街地化され，また第二次世界大戦後の復興土地区画整理事業からも除外されて，道路や公園など都市基盤

整備の機会を逸したまま密集化が加速した地域である。とくに高度経済成長期には，人口流入の受け皿となり，木賃アパートや狭小で低廉な戸建住宅が増加し，さらなる宅地の狭小化が進んだ。また，城東，城南地域における木密地域では，住居と工場を併用する町工場も高密度に分布し，いわゆる住工混在地域を形成している場合も多い。

木密地域は「20世紀の負の遺産」ともいわれ，都市計画や住宅政策が十分に実施されないまま人口の受け入れを進めてきたことが木密地域形成の根底にある（中村，2016）。一方，木密地域は都心周辺に位置し，鉄道やバスなどの公共交通機関が発達し，都心へのアクセスも良く，公共施設も充実している。また，衰退しつつあるといいながら中小食品スーパーも含めれば近隣商店街も存続し，近傍で生活を完結できる利便性の高い地域である。それ故に，木密地域は退廃地域ではなく，防災上の課題が解決すれば，地域的価値はきわめて高く，地域の維持・発展が可能である。

東京都における木密地域対策は第1に防火対策にあった。それは建物の不燃化であり，市街地における延焼火災対策である。これらは基本的に防火区画を形成する延焼遮断帯の整備を目的とした主要都市計画道路の建設や沿道の不燃化を中心に実施された（中村，2016）。1997年に策定された「防災都市づくり推進計画」では，不燃領域率（区域に占める空地と不燃化建物の割合を示す指標）が導入された。これは不燃領域率によって延焼防止効果を評価し，不燃領域率の低い地区から優先的に基盤整備や不燃化事業を集中的に実施するものである。しかし，都が目標とする不燃領域率の達成は容易ではなく，対策は遅々として進まなかった。2013年東京都は，首都直下型地震の切迫性や東日本大震災の発生を踏まえ，密集市街地の整備を一段と加速させるために「木密地域不燃化10年プロジェクト」を開始した。それは「不燃化特区」制度の創設や「特定整備路線」の指定・整備，建物の防火機能を強化する新たな規制の導入などである。

不燃化特区（不燃化推進特定整備地区）とは，防災都市づくり推進計画に定める整備地域の中でとくに地域危険度が高い地区について，区からの整備プログラムの提案に基づき，都が指定する地区である（図5.2.2）。指定地区は，不燃化に関する助成の上乗せや都税の減免などの特別の支援を実施し，不燃化を強力に推進させるものとして期待される。加えて，都の伝統的な防災対策も受け継ぎ，整備地域で延焼遮断帯となる主要な都市計画道路を「特定整備路線」に指定し，延焼しないまちの実現を目指している。2020年までに都は整備地域の不燃領域率70％を目標としている（東京都，2016）。

2. 木造住宅密集地域の住環境問題

木密地域は，防災上の課題だけでなく，様々な課題が複合的に生じ，それがまた木密地域の改善が進展しにくい状況を生み出している。それらを中林ほか（1998），中川（2009）によってまとめると次の3点になる。1つ目は，住宅更新の困難性である。木密地域では，幅員4m未満の細街路が多い。それ故，建替えの場合，建築基準法によって最低4mの道路幅員を確保するためにセッ

写真5.2.1　足立区千住柳町木密地域の状況
右側の建物と道路の間に街渠エプロンがみられず，境界が未確定と考えられる。
撮影：大矢幸久，2019年5月

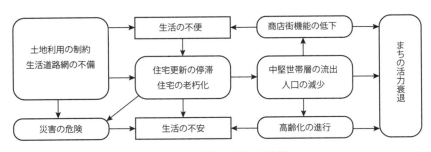

図 5.2.3　密集市街地の特徴
出典：黒崎ほか（2002）に一部加筆

トバックする必要がある．しかし，狭小敷地では建替え後に従来の床面積が確保できないため，建替えへの意欲が減退し，結果として住環境の改善および細街路が解消されないままとなる．

　2つ目は，人口の高齢化と低所得化である．木密地域は他の市街地と比べても高齢化率が高く，高齢者の単身世帯も増加している．高齢者世帯は生活資金の確保が精一杯であり，建替えや転居，道路拡幅のためのセットバックの経済負担が重荷となって住宅の更新を望まないことが多い．また，集合住宅の所有者・入居者においても高齢化が進み，低所得化傾向にある．とくに所有者は家賃収入の向上が期待できず，建物の維持管理の後退や更新意欲の減退がみられる．一方，若年層や子育て世代層においても域内で自分たちのライフスタイルに合った住宅の選択や改善ができないため，就業や結婚，子育てを機に転出してしまうことになり，地区の高齢化を助長する状況がある．

　3つ目は，土地・居住における権利関係の複雑さである．木密地域では戸建住宅や借家・アパートが混在している．そのため，まちづくりを進めるにあたり，零細地権者や借地人・借家人等の権利関係が錯綜し，合意形成が困難となる．また，所有者の高齢化に伴う相続は，土地建物の権利関係を一層複雑化させ，不在地主化する傾向がある．また空き家の問題も年々深刻化している．地域の災害危険情報は，不在化する所有者，高齢化する居住者に認識されにくく，土地・建物所有者によるまちづくりへの主体的な取り組みとその継続が

困難となる．

　このように木密地域が抱える課題は連鎖的につながり，不燃領域率の上昇や，狭隘道路の解消を滞らせている．さらには，地域が自律的に更新できる条件を欠いており，地域の活力が低下する負のスパイラルに陥っている（図5.2.3）．市場原理では地域の環境の改善は難しい．今後さらに高齢化が進展していく中で，防災や防犯，地域の環境維持など，地域コミュニティの維持が困難になることも想定される（黒崎ほか，2002）．

3. 品川区における木密地域のまちづくり
－荏原4丁目を事例に

　品川区は，南西部の荏原地区を中心に木密地域が広がる．現在，品川区の面積の約3分の1が整備地域に指定されている．

　東京都が指定した木密地域の整備地域に位置する荏原4丁目は，中原街道と都道補助第26号線に面した地区である．2018年の「地震に関する地域危険度測定調査（第8回）」での総合危険度はランク2と前回調査よりも1ランク改善した．しかし，火災危険度はランク3に位置し，火災の発生による延焼の危険性が高い地域である．

　この地区は大正時代の中頃までは純農村地帯であった．大正期から昭和初期にかけて耕地整理事業が実施されてから，地価が安く，耕地整理の形状が工場や住宅の建設に好都合であったために都市化が促進された．とくに関東大震災を契機に急

⊠	区施設
⒜	公園
P	駐車場
U	工事中
▨	耐火建物

品川区立平塚総合区民会館
（スクウェア平塚）

図 5.2.4　荏原 4 丁目の現況

資料：現地調査（2018 年 11 月）および東京都都市整備局（2016）：『東京の土地利用
　　　（平成 28 年東京都区部）』より作成

激に人口が流入し，目蒲線（1923 年），大井町線（1927 年），池上線（1927 年）の開業も相まって，住宅や商店，中小工場が混在して密集する市街地へと変容した．当時，東京市外であった荏原地区は市街地建築物法の適用外の地域であり，道路や公園，広場などの都市基盤の整備が十分に実施されず，木密地域の基盤が形成された．

図 5.2.4 は現在の荏原 4 丁目を示したものである．都道補助第 26 号線沿道および中原街道沿いは 6 ～ 14 階建のマンションや大型公共施設など，耐火建築物が並び，地区の不燃領域率の向上に寄与している．この都道補助第 26 号線は，都内にドーナツ状に広がる木密地域を環状に貫く未完の都市計画道路であり，延焼遮断帯として重視されている（越澤，2014）．

荏原地区の内部は，建物密度がきわめて高い．耕地整理実施時の地割跡が残る約 50 ～ 100m で囲まれた区画の中に，戸建住宅やアパート，社員寮，小工場などが密集し，一方で空き家や空き工場も散見される．区画奥の建物は，狭隘な生活道路で接続されている．また緊急車両が進入できない幅員 4m 未満の道路が多数みられる．当該地区は住工混在地区として小工場が多数立地していたが，1980 年代以降，移転や廃業のため工場数は大幅に減少した．工場跡地は，戸建住宅や低層マンションなどに転換した．敷地規模の小さい 3 階建て戸建住宅の建設も散見され，狭隘な隣棟間隔による防災の低下が懸念される．

こうした状況の中，荏原 4 丁目の北半分を占める荏原 4 丁目町会では，住民主体の防災活動

写真 5.2.2　荏原 4 丁目の狭小道路に建つ住宅と作業場
撮影：大矢幸久，2018 年 11 月

を進めている．これは木密地域におけるソフトパワーによる防災まちづくりの事例として注目される．

　荏原 4 丁目町会は，東日本大震災を契機として，2011 年 11 月に町会役員有志 10 名が「防災活動推進委員会」による本格的な防災活動を開始した．それは荏原 4 丁目が木密地域に位置し，当時の地震危険度調査（第 6 回）で火災危険度が全 5,099 町会中ワースト 112 位という危機意識によるものであった．2012 年 4 月，地域住民に対して防災アンケート調査を実施し，初期消火対策，家具転倒防止対策，緊急持出品・災害用備蓄品整備対策などの実施と，防災情報の提供が重要と判断した．具体的には，町内会の防災活動推進委員が戸別訪問し，家庭用消火器や災害用備蓄品，家具類の転倒防止器具の斡旋や取り付け作業の支援を行った．また，会報「町会だより」の発行を開始し，町会の活動を積極的に広報するようにした．2012 年 9 月と 11 月には，家庭用消火器の取り扱い訓練とスタンドパイプの着脱放水訓練を中心とした初期消火訓練を実施し，100 名以上の地域住民が参加した．

　2013 年以降町内会は，初期消火の実効性を高めるために，水道消火栓とスタンドパイプホースセットを活用した防災エリアごとの初期消火体制の構築を進めた．もともと町会内に設置されてい

た 7 基の水道消火栓の位置に応じて，町会域を 7 つの防災エリアに細分し，各消火栓付近にスタンドパイプホースセットを設置した．スタンドパイプには 20m のホースが 4 本入っており，最長 80m 先まで放水可能である．消防車が進入できない狭い路地においても，有効な消火活動が期待できる．地域住民は防災エリアを単位とする消火訓練を年 1 回実施し，スタンドパイプによる初期消火技術の習得・習熟をめざした．

　こうした防災エリアごとの防災訓練は，各エリアに応じた課題把握や対応策の検討の場ともなった．2014 年からは防災ボランティアを募り，エリア住民主体の防災活動体制も整えた．住民同士の意思疎通が活発化し，災害時要援護者と支援者の決定，安否確認の取り決め，在宅避難の対応などの話し合いも持たれるようになった．町会は，防災を役員任せでなく，住民一人一人の問題として捉えられるよう防災意識の向上に努めている．

　荏原 4 丁目町会はその後も，隣近所との連携，助け合いを重視した「近助」を提唱し，防災活動に取り組んでいる．それは大規模災害時における公助に限界があるためである．しかし近年，防災活動の参加者は年配者が中心となり，子育て世帯の参加が少ない．また，新規に建設されたマンションや戸建住宅の住民の多くは近所付き合いをほとんどせず，町会活動への参加意欲も低い．地域との関わりを積極的に持たない単身高齢者世帯も増加している．

　木造住宅密集地域に位置する荏原 4 丁目町会では，地震に強いまちづくりに向けて，効果的な防災訓練や実効性のある初期消火体制の構築といった地域防災力の向上と，自助・共助の基盤となる地域コミュニティの活性化の両面から試行錯誤が続けられている．

　　　　　　　　　　　　　　　　　　（大矢幸久）

第3節　地域社会の安全

1. 東京の犯罪発生の様態

　「石川や浜の真砂は尽きるとも世に盗人の種は尽きまじ」．日々どこかで犯罪が発生しているのは残念なことであり，社会全体の課題である．人がなぜ罪を犯すか，その犯罪がいかなる場所で発生するか．この解明は一筋縄ではいかない．人々は心安らかに暮らす権利を持つ．とりわけ，これからの社会を担う子どもたちにとって犯罪や事故のない地域社会，治安の良いまちの存在は最も重要なことである．

　地域と犯罪との関係はあまり明確ではない．一般に人口が多ければ犯罪数が多くなり，2018年に東京は日本最多の人口と刑法犯認知件数（以下，犯罪件数）を示している．しかし，人口1,000人当たりの犯罪件数は大阪府の10.8件に次いで東京は8.4件となる．しかし，犯罪件数と発生率いずれも高い地域に変わりはない．

　東京の犯罪件数の変化を見ると（表5.3.1），2010〜2018年間で住民人口は増加しているものの，刑法犯の件数は40％以上減少した．とくに侵入窃盗（空き巣，出店・事務所・学校荒しなど），非侵入窃盗（自転車盗，万引き，置引き，すりなど）は著しく減少し，この間，街中の防犯カメラの設置，住宅のセキュリティ強化に加え，防犯意識の高まりが功を奏した結果とみられる．しかしながら凶悪犯（強盗など），粗暴犯（暴行，傷害，脅迫など）は，犯罪件数の減少がそれほどみられず，逆に粗暴犯は増加し，地域的社会的な不安は解消されていない．さて，東京における刑法犯罪の74.9％は区部で発生し，多摩地域は24.7％である．一方，区部と多摩の人口比は68.6対31.0であるから，人口比以上に区部での犯罪発生比率が高く，人口という要素以外の何かが区部での犯

罪発生率を高めている可能性がある．

　図5.3.1は東京における犯罪件数の分布をみたものである．基本的に刑法犯罪数は全国的傾向と同様，人口の多い地域で犯罪が発生する傾向にある．区部では世田谷，大田，足立，江戸川，練馬などが多く，人口が比較的少ない荒川，文京は犯罪件数も少ない．多摩では人口の多い八王子，町田，立川に犯罪件数が多い．ちなみに東京全体での人口と犯罪件数の相関係数は0.83ときわめて高い値を示している．一方，犯罪種別の分布をみると，侵入窃盗と非侵入窃盗は若干の例外（渋谷，新宿等）もあるが，人口と強い相関を示し，世田谷，大田，足立，江戸川の各区が多く，多摩では八王子，立川，町田の各市が多い．しかし，凶暴犯，粗暴犯は人口との相関が著しく低下し，前者の相関係数は0.48，後者は0.58となり，特定地域での犯罪が多くなることを示唆している．それ

表5.3.1　近年における刑法犯罪件数の推移

地域	刑法犯	2010年	2015年	2018年
東京	合計	195,972	148,195	114,497
	凶悪犯	945	757	684
	粗暴犯	8,373	8,976	8,439
	侵入窃盗	9,415	6,324	4,575
	非侵入窃盗	135,770	101,882	74,352
	その他	41,469	30,256	26,447
区部	合計	141,338	109,749	85,790
	凶悪犯	667	582	535
	粗暴犯	6,675	7,223	6,837
	侵入窃盗	6,589	4,510	3,197
	非侵入窃盗	96,883	75,050	55,680
	その他	30,524	22,384	19,541
多摩	合計	54,294	37,953	28,274
	凶悪犯	273	164	143
	粗暴犯	1,629	1,662	1,543
	侵入窃盗	2,796	1,800	1,369
	非侵入窃盗	38,824	26,734	18,620
	その他	10,772	7,593	6,599

注）東京の合計には島部等が含まれている．
資料：各年 警視庁「区市町村の町丁別，罪種別及び手口別認知件数」Web版より作成

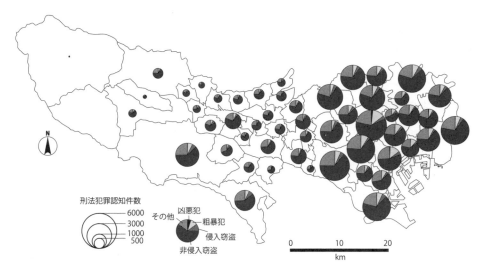

図 5.3.1　犯罪件数の分布（2018 年）

資料：警視庁「区市町村の町丁別，罪種別及び手口別認知件数」Web 版より作成

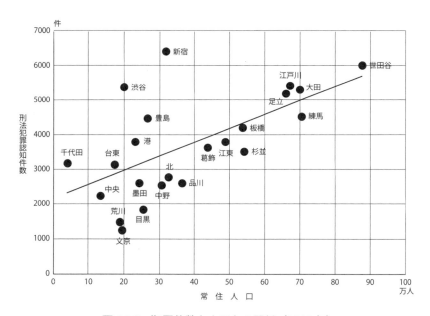

図 5.3.2　犯罪件数と人口との関係（2018 年）

資料：警視庁「区市町村の町丁別，罪種別及び手口別認知件数」Web 版，
2015 年『国勢調査』より作成

が新宿，渋谷の両区，多摩では立川，武蔵野の両市などである．こうした傾向をより明確にするために図 5.3.2 を作成した．これは区部における常住人口と犯罪件数をみたものである．近似直線に沿う地域は犯罪件数と常住人口が相関する地区であり，世田谷，大田，江戸川，足立から荒川，文

京の各区に至る地域が相当する．一方，近似直線から離れる地域は，常住人口以外の 2 つの異なった要素が犯罪件数を規定している．第 1 は常住人口が比較的少ないにもかかわらず犯罪件数が多い（昼間人口が多い）地域であり，千代田，中央，新宿，港の都心各区である．第 2 はいわゆる不

特定多数の人口が流動する新宿，渋谷，豊島，台東の各区などターミナル駅を持つ繁華街（商業地域）である．杉本（2010）は，犯罪件数は土地利用のあり方とも関係し，とくに商業的土地利用と深く関係していると指摘する．かくして犯罪件数の多少は 2 つの流動人口にも規定されることを示唆している．

ところで東京の犯罪状況は警視庁ホームページで詳細な地図と統計によって知ることができる．とくに，「犯罪情報マップ」は，「地理情報システム（GIS）」を活用して作成したものであり，都内全域（島部を除く）を対象にして都民の身近な地域（区市町村あるいは町丁）ごとに，現在あるいは過去に発生した犯罪の概要を見ることができる．

2. わが街の安全対策－北区の事例

街の安全は犯罪発生数の多少にかかわらず，地域住民が日常的に安心して暮らすために重要なことである．換言すれば，地域住民の安全確保と危険と感じる場所の解明が街の安全対策である．この項では民間調査で住みたい街の上位にある北区を事例として“街の安全”を考察する．

北区の常住人口は 2018 年に 34 万 8,030 人と 23 区の中位にある．区内は，明治通りをはじめ多くの幹線道路が走り，JR の駅が 23 区中最多 10 駅もあって都心部へのアクセスも良好な地域である．それ故，駅から徒歩圏内という住宅地も少なくない．

また，北区赤羽は，ある不動産金融企業のコンテストによると「2019 年本当に住みやすい街ランキング」第 1 位に選定されている．その理由は生活圏に「大型スーパー，赤羽一番街商店街，赤羽スズラン通り商店街」があり，そのほか「交通の便」，「大型住宅団地」，「公園」などの存在があげられている．

2.1　犯罪件数と発生場所

北区の犯罪件数は区部平均をやや下回り，2018 年に 2,797 件であった．犯罪件数は 2010 〜 2018 年に約 40％減少した．犯罪種類別にみると，傷害や脅迫などの粗暴犯がやや増加傾向にあるが，その他の犯罪はおおむね減少している．とりわけ非侵入窃盗件数はこの 8 年間に 45％以上減少した（表 5.3.2）．

北区の犯罪件数は図 5.3.2 にみるように，ほぼ人口数と相関している．しかし，町丁別に犯罪発生の状況を見ると，赤羽，王子の JR 各駅を中心とした地域に犯罪件数が多いことが明らかである（図 5.3.3）．これら地域は，北区の中でも比較的人口の多いことが特徴であり，この意味で犯罪件数と人口との関係が認められる．しかしながら，渋谷，新宿の両区にみられたように常住人口のみならず日々の流動人口が大きいこと，都市計画法による用途が商業地域に指定されていることも犯罪件数の多さにつながっている．それは図 5.3.3 において犯罪件数の多い町丁（赤羽 1 丁目，赤羽 2 丁目，王子 1 丁目）は商業地域と合致していることからも明らかであり，前項の杉本（2010）

表 5.3.2　北区における刑法犯罪認知件数の推移

	2010	2011	2012	2013	2014	2015	2016	2017	2018
凶悪犯	20	19	17	24	33	13	14	16	15
粗暴犯	188	194	200	224	202	224	257	261	237
侵入窃盗	284	184	166	148	170	141	134	119	113
非侵入窃盗	3,178	3,232	2,952	2,539	2,645	2,292	2,434	2,051	1,771
その他	1,067	959	909	830	774	707	672	706	661
合計	4,737	4,588	4,244	3,765	3,824	3,377	3,511	3,157	2,797

資料：各年 警視庁「区市町村別の町丁別，罪種別及び手口別認知件数」Web 版より作成

図 5.3.3　北区町丁別刑法犯罪認知件数の分布（2018 年）
資料：刑法犯罪数は警視庁「区市町村の町丁別，罪種別及び手口別認知件数」Web 版，商業地域は北区地図
詳細版「都市計画情報（Web 版）」より作成

の指摘とも一致する．そして，区内 JR 駅の中で乗降客の多い駅（赤羽 9 万 5,851 人，王子 6 万 4,797 人，田端 4 万 7,034 人，十条 3 万 6,991 人：JR 東日本ホームページ，2019 年 3 月）とも一致している．とくに赤羽や王子は JR だけでなく，東京メトロの駅もあって，主要な乗換駅でもあり，流動人口の増加が犯罪数の多さにつながっている．

2.2　街の安全と感性

　犯罪が発生する場所は人が多く，人が集まる場所である．それでも性善説に立てば人間は本来犯罪行為に至ることを自制することができる．しかし，たまにその自制心を越えて犯罪行為に至る場合がある．すなわち，街の安全は犯罪行為に至る心を制御し，犯罪に至る環境を作り出さないことにある．すなわち，犯罪行為を自制できる環境

図 5.3.4　北区安全安心ネットワーク
パトロールマニュアル（2019 年）
出典：北区危機管理室危機管理課

の整備が必要である．北区が発行した『北区安全安心ネットワーク　パトロールマニュアル』（図

写真 5.3.1　赤羽 1 番街商店街入り口
撮影：栗原　清，2019 年 4 月

写真 5.3.2　商店街に隣接する北区立赤羽小学校
撮影：栗原　　清，2019 年 4 月

5.3.4）においても「犯罪防止の環境として，1.割れ窓理論～犯罪者にとって居心地の悪い環境にする．具体的にはゴミや落書き等のないきれいな街にする．2. 犯罪機会論～犯罪の実行に悪い状況をつくる」をあげ，犯罪行為を未然に防止することを取り上げている．町内会の街の清掃や安全パトロールはその一端を担っている．

　北区において最も犯罪件数が多い赤羽 1 丁目は 2017 年に人口 3,430 人（男 1,757 人，女 1,673 人），赤羽 1 番街商店街（約 100 店舗）を含む商業地域である．赤羽 1 番街商店街（写真 5.3.1）は 1940 年半ばからの古い商店街で，駅前商店街として発展してきた．現在の商店街構成は，生活雑貨店もあるが，どちらかといえば飲食店が多い．飲食店の中には店舗前に簡単なテーブル等を置いて，飲食と飲酒ができるところも多い．日曜日の昼前であってもこうした光景が観察でき，また狭い露地にアーケードがかかり，日中でも薄暗い飲食店街もある．一方，それが赤羽 1 番街商店街に多くの人びとを誘引する要因であるが，流動的な人口の流入は犯罪発生の温床ともなりかねず，とくに夜間における安全性が懸念される．実際，夜間は人が多く，飲食店と客のトラブルや，暴行・窃盗事件がときおり発生している．

　犯罪を未然に防ぐ対策として商店街は，防犯カメラ（2019 年 4 月現在で 30 台）を設置している．これは実際の犯罪捜査にも効果があり，事件解決に至ったこともある．しかしながら，防犯カメラ以上の犯罪抑止力は，「商店街のもつ人的結合，いわゆるコミュニティの存在」である．商店街内に不審者と思われるものを発見すると，店舗経営者や従業員による観察と情報交換が行われ，犯罪発生を未然に防ぐ効果がある．いわゆる不審者にとっては誰かにみられているという “人の目” による抑止効果である．そのためには商店街を構成する人びとのつながりが必要で，赤羽 1 番街商店街を構成する店舗経営者や従業員同士の交流は盛んであるという．商店街振興組合長の言を借りれば，「完成された地域コミュニティが（防犯上の）安全性を高めている」のである．

　さて，安全あるいは危険の感じ方は，子ども，若年層，高齢者，性別などの属性によって異なる．とくに子どもから見て何が危険なのか，どこが安全なのか感じ方が違う．赤羽 1 番街商店街の東隣に北区立赤羽小学校（写真 5.3.2，以下赤羽小）が立地している．本来ならば子どもたちが作成した安全マップが必要であるが，カリキュラム上実施されていないため，ここでは保護者の目から見た子どもたちの安全空間を考えることにする．保護者たちは，子どもたちにとってどこが安全なの

図 5.3.5　安全マップ（2019 年）
出典：赤羽小学校 PTA 校外児童委員会

か，それをどのように伝達するか，それが重要なことと考えている．赤羽小 PTA の校外児童委員会は「安全マップ」（図 5.3.5）を制作し，子どもたちに配布している．PTA 作「安全マップ」は，不審者による子ども・女性への声かけ地点を黒い人型で表し，同時に怖さを感じたら安全を提供する（駆け込める）協力者・商店等（こども 110 番）の位置を地図に載せている．この地図では不審者が赤羽小周辺の赤羽 1 番街商店街前及び赤羽駅前に出没している．赤羽小ではこのパンフレットを資料としながらセーフティ教室プログラムの一環として，とくに 1 年生と 2 年生に不審者に対する知識と対応の方法などの「不審者対応教室」を実施している．ちなみにセーフティ教室プログラムとして 3 年生と 4 年生は「万引き防止教室」，5 年生と 6 年生は「薬物乱用防止教室」がある．

　しかし，くり返すが，PTA 作「安全マップ」も警視庁統計によるものであり，子どもたちの感性とまったく一致しているわけでない．小学生に見える風景は大人とは異なる．かつてとてつもなく広く感じた遊び場も大人になってみると，とても小さい空き地だった．同様に，大人が安全とする場所も子どもにとっては不安を感じる場合もあり，その逆もある．あらためて子どもの感じる安全な場所についての調査が必要である．

　さて，2001 年 6 月，大阪教育大学附属池田小学校における児童殺傷事件は，すべての国民に心の痛みと大きな衝撃を与え，不審者侵入を含む学校防犯のあり方が問題となった．つい最近では 2019 年 4 月お茶ノ水女子大学附属中学校の不審者侵入事件が起きている．しかし，学校は保護者及び地域社会への開放，不審者の侵入防止という，相反する 2 つの課題を同時に実現するという難問を突きつけられている．

　赤羽小学校におけるソフト的な防犯対策として，1）開校以来，卒業生の地域定着度が高く，伝統的に学校と児童を見守る意識が強い．2）小学校と地元商店街との連携による地域の一体感醸成，例えば学校と商店街による夏休み納涼フェスタが開催されている．そのほか来校者への対応，学校警備員の配置，警察との連絡体制の整備などがある．一方，ハード的には夜間の機械警備及び防犯システムなどの導入があり，近年は録画機能付きの防犯カメラを校門それぞれに設置し，招かれざる客の侵入を防いでいる．学校設置者としての北区は子どもの防犯意識や教職員による不審者への対応能力育成のために，防犯教室や不審者対応訓練，子どもたちへの直接的な防犯支援として，防犯ブザーと「子ども安全手帳」の配布，地域の防犯支援として「こども 110 番の家」登録制度（家などにシールを貼る）を実施している．

　犯罪は，自制心を持てず，自己を見失った行為である．人びとをそのような状態にさせない「まち」や「人」の環境づくりが地域社会の安全へつながっている．

（栗原　清）

下町低地の景観

東京の東部地域は，隅田川，荒川，江戸川など
の河川に挟まれた沖積地で，「下町低地」「0m 地
帯」などと呼ばれている．標高が低く，軟弱な地
盤を持つこの地域では，河川の氾濫，高潮などや，
大地震による液状化現象などの災害が発生しやす
い．ここ数年，東京を含めて日本各地で記録的な
大雨による水害が発生し，日本の気象災害の危険
性が再認識されている．海抜 0m 以下の土地が広
がる東京の「下町低地」は大雨や地震などによっ
て，大きな被害を受けやすい地域である．ここで
は江戸川区を中心に「低地の景観」について紹介
する．

新左近川の増水　江戸川区南部に位置する清新
町・臨海町は「埋立地」で，1970 〜 1980 年代
の葛西沖埋め立て事業により造成され，埋め立て

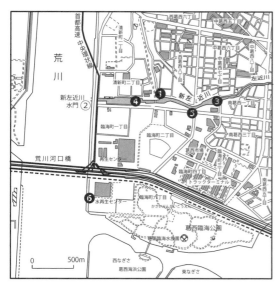

図コラム 4.1　写真撮影等地点
注）写真の撮影地点は白抜き数字.

写真コラム 4.1　新左近川の増水により冠水した
新左近川親水公園
撮影：沢辺朋史，2017 年 10 月

前は東京湾の最奥部であった．埋め立てに伴い，
旧江戸川の分流で，東京湾に注いでいた左近川を
延長して荒川（中川）と結び，旧河口から荒川ま
でを新左近川と呼んだ．新左近川の両岸には遊歩
道や親水公園が設置された．左近川と新左近川は
旧江戸川と荒川を結ぶ水路になっているため，大
雨などによってそれらが増水した場合，合流点に
ある水門を閉鎖して逆流を防いでいる．

台風 21 号（2017 年 10 月 23 日）の接近により，
江戸川区周辺は大雨に見舞われた．この時に降っ
た雨は新左近川に流れ込んだが，荒川との合流点
にある新左近川水門が閉じられていて新左近川の
水位が上がり，遊歩道や親水公園が水浸しになっ
た（写真コラム 4.1：地点❶）．この写真撮影直
後に水門（図コラム 4.1：地点②）が開かれ，新
左近川は急速に水位を下げた．このあたりは地域
住民の通行や憩いの場であり，雨量や降雨のピー
クが違えば，大きな被害が生じた可能性もある．

新左近川の変容　2018 年秋，新左近川と左近川
の境界に位置する海岸水門（写真コラム 4.2：地
点❸）が老朽化のため撤去され，台座部分を水門
の記念碑として残すようである．この海岸水門は，
左近川が東京湾に注いでいたことの名残となる施
設であった．同年冬には，新左近橋とつばさ橋の
間でカヌー練習場の整備が始まり，荒川との合流
点から約 500m のところに堰が設置された（写

写真コラム 4.2　撤去前の左近川と新左近川の間に
ある海岸水門
撮影：沢辺朋史，2016 年 6 月

写真コラム 4.3　新左近川に設置された堰
撮影：沢辺朋史，2019 年 2 月

写真コラム 4.4　冠水した道路を，水しぶきを上げて
走る自動車
撮影：沢辺朋史，2018 年 3 月

写真コラム 4.5　荒川河口橋付近に発生した川霧
撮影：沢辺朋史，2016 年 11 月

真コラム 4.3：地点❹）．新左近川は，東京湾の潮の干満の影響を受け，水位を上下させていた．しかし，堰の設置によって堰の上流側は水位変化がなくなり，満潮時，わずかに水位を上げるのみになった．埋め立てに伴って生まれた新左近川であったが，潮の干満という自然の営みを感じることができた．2020 年に向けて東京周辺は，様々な施設の建設や改修が行われている．その反面，埋め立て以前の自然の営みを感じることができる場所が失われていくのは寂しい限りである．

道路の冠水　清新町・臨海町は，葛西沖の古い埋立地である．道路には凹凸が生じ，降水時には凹地に雨水がたまり，自動車が水しぶきを上げて走る（写真コラム 4.4：地点❺）．この写真は，やや強い雨の降った日（2018 年 3 月 1 日）の朝の様子である．江戸川区南部の埋立地域において，

地表の凹凸は激しくなり，雨水はより低い場所に流れ込み，災害には至らなくても，生活に大きな影響を与えている．

荒川河口付近の川霧　2016 年 11 月 24 日，東京は季節外れの降雪に見舞われた．11 月としては厳しい寒気に晒されたため，まだ水温の高かった荒川の下流で川霧が発生し，幻想的な風景を見せた（写真コラム 4.5：地点❻）．異常気象の際には，普段想像もつかない現象が，身近に起きることを実感した風景でもあった．この川霧は，JR 京葉線が荒川河口橋を渡るわずか 30 秒ほどの間に車窓から外の様子を見て気づき，荒川河口付近の堤防から撮影したものである．たまには電車の車窓から景観を観察し，それらについて考えてみることも有意義である．

（沢辺朋史）

第6章　共生のまちづくり

第1節　教育と福祉

1. 教育の機会

　未来の東京・日本を切り開くために，全世代にわたる教育は重要な社会投資である．残念ながら日本における教育機関への公的支出は，OECD加盟国の中で最下位（2018年）である．換言すれば教育支出の大部分を家計に依存し，それが教育機会に大きな影響を与えている．子どもの教育費用のうち授業料や教科書などは無償となっているものの，教育活動を補完する，学習・能力開発のための教材，社会経験・見学，給食，PTAなどの費用がある．これらは誰もが一律に負担するものであり，家計収入によって経済負担の軽重をもたらし，いわゆる教育機会の不平等を生みだすことになる．具体的には文部科学省が実施する学力調査と親の収入との関係性を指摘する報告もある（昼間・鈴木，2016）．

　学校教育法第19条において「経済的理由によって，就学困難と認められる学齢児童生徒の保護者に対しては，市町村は，必要な援助を与えなければならない」とし，就学に必要な援助をすることになっている．それを"就学援助（義務教育費用の援助）"という．援助対象者は居住する自治体に申請することになっている．しかしながら就学援助申請者と決定数の明確な統計はなく，2009年の区市町村別就学援助率はわかるが，それ以外は明確な数字であらわしたものはない．東京都全体での就学援助率は，2015年に小学生の18.2％，中学生の25.9％であり，教育費用が増える中学生の受給率が高くなっている．図6.1.1は，公表されている就学援助率と納税義務者の課税所得の関係を23区別にみたものである．これ

によって所得の高低と就学援助率は一定の関係にあることが分かる．就学援助率は足立，墨田，板橋，荒川，北，江戸川，江東，葛飾の各区など城東・城北地区の高さが顕著である．そして課税所得の高い千代田，目黒，世田谷，文京，中央の各区は就学援助率が低くなっている．しかしながら，課税所得の高い港，渋谷は就学援助率も高くなっている．実際，この2つの指標の相関係数0.62と高くはない．それは就学援助の申請は各家庭の判断であったり，その基準と審査基準も自治体によって若干の差があるからである．自治体は就学援助申請の目安をHPなどで例示しているが，家

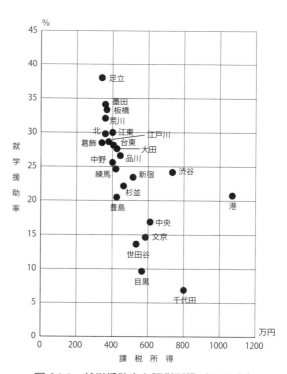

図6.1.1　就学援助率と課税所得（2009年）

資料：文部科学省『平成21年度要保護及び準要保護児童生徒数について（学用品費等）』，総務省『市町村税課税状況等の調（2009年）』より作成

庭における収入把握の困難さ，自治体財政（予算）なども申請可否の判断に影響を与えている．就学援助は原則的に家計収入と関係しているが，それが地域問題としてあらわれている．

さて，私立中学校は都内に数多く立地し，公立中学校に加えて進学機会を拡大させている．私立中学は公立中学校と比べ，授業料をはじめ教育支出が多く，家計の負担は大きい．そのため私立中学の進学率は家計収入（ここでは1人当たり課税所得）と関係が深い．課税所得の大きい千代田，港，中央，文京の各区は私立中学への進学率が高く，課税所得の低い練馬，墨田，板橋，足立，葛飾，江戸川の各区は私立中学進学率が低くなり，相関係数は0.74を示している（図6.1.2）．しかし，このデータは公立小学校を卒業した児童を対象としているため，私立小学校から私立中学校へ進学

した児童については含まれておらず，私立中学校への進学率はより高くなる．

教育機会は平等でなければならない．しかし，現実には所得の地域的不均等があり，それが都心・副都心地区と城東・城北の私立中学進学率の不平等性を生じさせている．

さて，日本国民の教育の機会は日本国憲法第26条によって保障されている．一方，年々増加する外国人についても「外国人がその保護する子を公立の義務教育諸学校に就学させることを希望する場合には，無償で受け入れており，教科書の無償給与や就学援助を含め，日本人と同一の教育を受ける機会を保障」している（文部科学省「外国人児童生徒等教育の現状と課題」（2016年））．

2018年度の東京における外国人児童数は9,873人，生徒数3,396人で，日本人児童数，同生徒数のそれぞれ1.6%，1.1%を占める．外国人児童・生徒数比率が最も高いのは荒川区，次いで新宿区である（図6.1.3）．前者は歴史的に韓国・朝鮮系の居住者が多く，その後も日本国籍を取得せず，その子女を公立小学校に通学させる場合も多い．また，近年，中国，ベトナム，ミャンマーなどからの流入も増加し，その子どもたちが通学することが多くなっている．新宿区も荒川区以上に多様な国籍をもつ外国人が流入し，学齢期にある子どもたちが公立小・中学校に通っている．そのほか城東・城北地域，近年インド人などの流入がみられる江東・葛飾両区も外国人子女の比率が高くなっている．多摩地域は福生，東村山，瑞穂の各市町に外国人児童・生徒の比率がやや高い地域もみられるが，その他の市町村における外国人子女の占める比率は低い．

東京の公立学校は外国人の子女に教育機会を提供している．しかしながら外国人の子女が主体的に公立の小・中学校に在籍しているかといえば，それはまだ不十分な状態にある．表6.1.1に見るように2018年に東京の小学校に在籍する外国人児童数は9,873人である．しかし在留外国人統

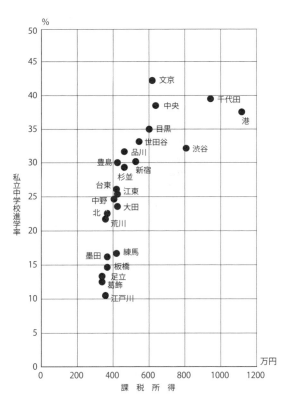

図6.1.2　私立中学校進学率と課税所得（2017年）
資料：東京都教育委員会『平成30年度公立学校統計調査報告書』，総務省『市町村税課税状況等の調（2017年）』より作成

表 6.1.1　東京の外国人の就学率

年	児童数	外国人児童数	7～12歳外国人人口	外国人在籍率	生徒数	外国人生徒数	13～15歳外国人人口	外国人在籍率（%）
2013	585,535	5,335	11,836	45.07	312,764	2,843	6,002	47.4
2014	587,983	5,933	12,006	49.42	311,841	2,870	5,960	48.2
2015	592,158	6,607	12,789	51.66	310,874	2,999	5,974	50.2
2016	594,053	7,583	16,505	45.94	306,820	2,982	6,116	48.8
2017	601,414	8,740	14,998	58.27	304,199	3,263	6,204	52.6
2018	609,512	9,873	19,668	50.20	300,085	3,396	6,595	51.5

資料：東京都教育委員会『平成 30 年度公立学校統計調査報告書』，法務省『在留外国人調査』より作成

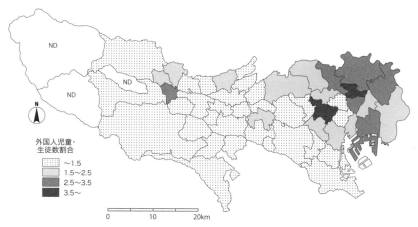

図 6.1.3　小・中学校における外国人児童・生徒数の割合（2018 年）
資料：東京都教育委員会『平成 30 年度公立学校統計調査報告書』より作成

計から小学校にあたる学齢人数（7 ～ 12 歳）は 1 万 9,668 人となる．すなわち，外国人子女の約半分が公立学校に通っているにすぎない．近年，外国人が設立する学校もみられるが，それらがすべて収容しているわけではない．日本の学校に就学する壁，すなわち言語・宗教・文化等が就学比率を低下させているとも推察される．こうしたことは中学生に相当する外国人子女も同様である．

外国人も 7 ～ 15 歳の義務教育段階ではある程度無条件で，その対応が不十分であったとしても教育を受ける機会が保障されている．しかしながら 16 歳以上の外国人子女にとって，公立高校への入学は大変なことである．来日 3 年以内なら在京外国人募集校（7 校）で，英語または日本語の作文と面接の外国人特別選抜試験で受験できる．しかし，3 年を過ぎると一般受験となり，希望の学校を受験できるが，日本語での 5 教科試験となるからである．

東京は公立・私立合わせて学校数が多く，多文化共生教育活動に取り組んでいる学校も多い．外国人子女に対する教育の機会を不十分ではありながら提供し，同時にそれは日本人の児童・生徒に多文化共生を実践し，国際的感覚の基盤を与えている．

2. 医療と地域

日本国憲法第 25 条に「すべて国民は，健康で文化的な最低限度の生活を営む権利を有する．国は，すべての生活部面について，社会福祉，社会保障及び公衆衛生の向上及び増進に努めなければならない」とある．とくに健康問題は，社会保障制度の問題も含めて国民すべての大きな関心事である．健康維持のためには多様な課題が山積する

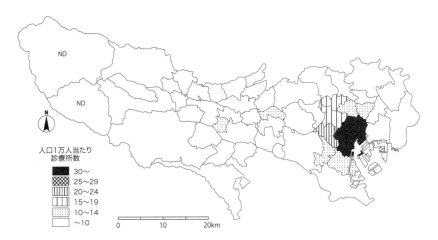

図6.1.4　人口1万人当たりの一般診療所数（2016年）
資料：厚生労働省『医療施設調査』2016年より作成

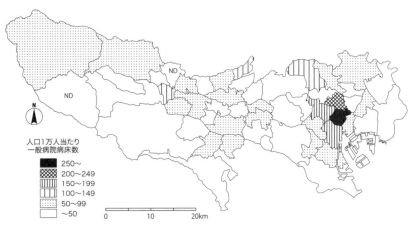

図6.1.5　人口1万人当たりの一般病院病床数（2016年）
資料：厚生労働省『医療施設調査』2016年より作成

人口1万人当たりの診療所（除歯科医）を見ると，都平均9.65で，区部10.7，市部7.2と区部常住者が若干診療機会に恵まれていることがわかる（図6.1.4）．それをさらに区市町別に見ると，診療所配置の不均等性が顕著となる．とくに千代田77.6，中央35.8，港29.4と都心区で最も診療所数が多く，次いで新宿，渋谷，豊島のなどの副都心区，そしてそれらの周辺各区である．一方その他の区市町のほとんどは区部平均の10.7を下回っている．すなわち，診療所は，本来的には常住人口に比例することが“かかりつけ医”のあるべき配置と考えられるが，現実には昼間人口の大きさに強く影響されている．都心区のビル街や交通結節点に○○クリニックの看板が多いのはそのあらわれである．

が，本項では地理学的関心から健康を維持するための機関である病院，ここではその一般的傾向を見るために，精神病，結核などの専門病院は除き，一般診療所（病床をもたないか，20人以下の病床）と一般病院を対象とし，その空間的配置を見る．

　一般に身体的不都合である疾病状態になると近隣の医療機関を利用する．厚生労働省は近隣にある医療機関を“かかりつけ医”として推奨している．こうした医療機関は疾病ごとに多様な診療所（クリニック）がある．基本的に多様な疾病に対応する診療所は患者数（人口規模）に対応した空間的な配置をもたらすと考えられる．そこで常住

　一般診療所において診断され，専門的治療が必要になると多くの場合，病床をもつ一般病院で治療することになる．一般病院は一般診療所より規模が大きく，国・自治体・大学・医療法人などが設立・経営している．これらは地域医療拠点としての役割も期待され，一般診療所より地域的不均等性がやや弱くなっている．図6.1.5によると，人口1万人当たりの一般病院病床数は，一般診療所同様，都心・副都心とその周辺区の値が大きいが，板橋区，清瀬・福生両市はそれに次いで大きく，それ以外の北，板橋，足立，品川，墨田の

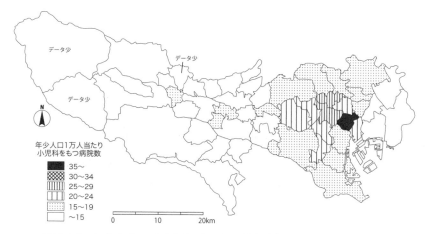

図 6.1.6　年少人口 1 万人当たりの小児科病院・診療所数（2016 年）
注）ここでは小児科として，専門的な小児外科，小児眼科，小児耳鼻咽喉科，小児皮膚科，
小児神経内科，小児泌尿器科，小児整形外科を除いた．
資料：厚生労働省『医療施設調査』2016 年，https://doctorsfile.jp/search より作成

各区，多摩地域の武蔵野・三鷹両市において病床数は平均値を上回っている．それでも平均を下回る区市町は多く，入院加療が必要となった場合，医療機関の地域的不均等が大きな問題である．とくに大学系病院の千代田・文京両区への集中が著しい．

　少子化時代となって子どもの健康は，保護者はもちろん社会全体の課題となった．一般に子どもが病気になった場合は近くの“かかりつけ医”，夜間の場合は夜間診療を行う医療機関，症状によっては救急医療機関（多くの場合，大学病院などの一般病院）で診察する．ここでは一般的に小児科をもつ一般病院と診療所の数と年少人口との関係を見る（図 6.1.6）．年少人口 1 万人当たりの小児科（病院）数においては一般の病院病床数の地域的傾向と同様，都心・副都心と周辺区での値が大きい．その格差は都心・副都心と周辺の各区と東部の墨田，江東，葛飾，江戸川各区との間，そして区部と多摩地域の間でみられる．とくに後者は，武蔵野，狛江，国分寺，国立，福生の各市が平均値を上回っているものの，それ以外の各市町はすべて下回り，区部との不平等性は顕著である．

　こうした子どもに対する医療格差は診療機会のみならず，医療助成においても生じている．東京の医療費助成には，小学校に入るまでの乳幼児医療費助成，および小学 1 年〜中学 3 年までの義務教育就学児医療制度がある．前者は健康保険の自己負担部分を全額援助し，後者は入院時の自己負担部分を全額援助するが，通院は一部負担金がある．しかしながら区部は独自の助成制度を実施し，両者とも所得制限はなく，自己負担金も設定していない．さらに千代田区は高校まで助成し，北区もまた，都の基準より助成対象を拡大している．

　一方，多摩地域の市町村は小学校までは全額助成であるが，小学校入学以降の通院は若干の自己負担を求めている．また，市町村によって所得制限，一部負担金のあり方が異なり，区部との格差を生じ，その解消が課題である．

3. 保育施設の分布

　女性の社会進出を支える子どもの保育問題は，今や社会問題である．保育施設の充実と保育需要との関係は東京のどこでも重要な社会的課題である．0 〜 5 歳児人口は少子高齢化傾向の中で著しく多いわけではないが，保育施設入所の希望は多く，それに施設の建設・整備が追いついていない

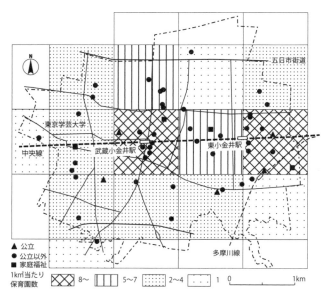

図 6.1.7　東京都小金井市内における保育施設の分布と密度
資料：小金井市 HP，小金井市保育園施設等一覧，認可外保育施設一覧
より作成

ことが問題である．2018年4月1日の東京都の待機児童数は5,414人と前よりは減少した．本項では多摩地域でも2017年に入園率（認可保育施設への入園決定数÷同申込数）が低かった小金井市を取り上げる．

小金井市は2019年7月に人口12万2,066人，その内0～5歳の人口は6,398人で，5.2%を占める．2019年4月の保育施設利用申請状況を見ると，1,032人の申請があり，結果として113人の待機児童が生じた（小金井市HP）．保育施設の問題は施設数（収容規模）と入所希望数との需給バランスが最大の課題であるが，その希望数に影響を与えるものとして市内における保育施設の地理的配置がある．

小金井市には多様な設置者による保育施設が56を数える（2019年4月）．例えば，比較的小規模だが，認可外保育施設として市内の国立大学が運営する回帰船保育所（東京農工大），学芸の森保育園（東京学芸大）や企業主導型保育施設もあり，公立保育園（5施設）の少なさを補完している．これら保育施設の分布と密度を見ると，中央線武蔵小金井駅と東小金井駅周辺，そして両駅に挟まれた区画に保育施設が集中し，その密度も高い．市域の北を東西に走る五日市街道から北は小金井公園が広がり，また東南部は多磨霊園によって保育施設の分布と密度は低い（図6.1.7）．しかし市域西部，南部地区は住宅が多いが，保育施設の分布は薄い．すなわち，これらの地区に居住する市民は，自地域の保育施設へ申請する場合，選択肢は少なくなる．結果として居住地から離れた保育施設に申請することになる．さらに入所できたとしても，他地区に居住する市民よりは少なくとも長い距離を移動し，最悪の場合は市内を東西南北走り回ることになる．一方，小金井市民が武蔵小金井駅，東小金井駅を利用して通勤する場合，保育施設の駅周辺への立地は日常生活の動線上にあり，保育の利便性を満足させることになる．それが保育施設の集中をもたらしたとも考えられる．保育施設の立地問題は，小金井市ばかりでなく東京のどこにでも起きうる課題であり，市民，とくに子育て世代にとって切なる問題である．

（永山淳一）

第2節　まちの国際化

1. 東京の外国人人口の推移と分布

　まちの国際化が進む. 法務省入国管理局によると, 2018年6月末現在日本で暮らしている在留外国人は263万7,251人となり, 前年同月末に比べ7万5,403人 (2.9%) 増加した. この数には永住者も含まれている. このうち, 東京には55万5,053人(全国の21.0%)の外国人が暮らし, 次いで愛知県 (25万1,823人, 9.5%), 大阪府 (23万3,713人, 8.9%), 神奈川県 (21万1,913

人, 8.0%), 埼玉県 (17万3,887人, 8.0%) と, いずれも大都市およびその周辺県が多い.

　東京における国籍別外国人人口の推移をみると, 2000年以前は韓国・朝鮮系, 中国・台湾系の人びとの比率が高い (図6.2.1). これらの人びとは第二次世界大戦前・同戦中に朝鮮半島や台湾から移住した人びとやその子孫たちで, いわゆる「オールドカマー」と称される. 現在は4～5世段階に入り, 人口減少傾向が著しい. 1990年代における中国・台湾系の一時的な増加には, 中国

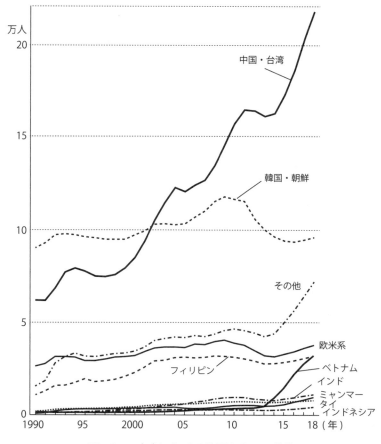

図 6.2.1　東京における外国人人口の推移

注) 外国人人口は, 2012年7月までは外国人登録者数, 2012年10月からは住民基本台帳人口による. 欧米系は
　　フランス, ドイツ, イタリア, イギリス, カナダ, アメリカから成り, その他はブラジル, オーストラリアを含む.
　資料：東京都の統計「外国人人口」Web版より作成

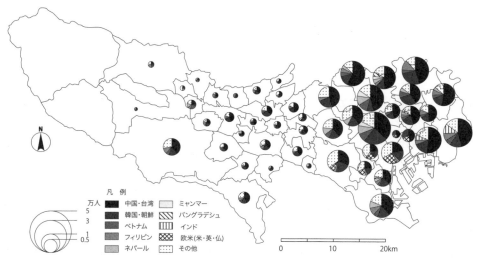

図 6.2.2　東京の区市町村別外国人の分布（2018 年）
資料：東京都の統計「外国人人口」Web 版より作成

の改革開放による中国人留学生等の増加も寄与している.

　さて中国・台湾系は 2000 年以降もニューカマーとして著しい増加傾向を示し，その人口は 2018 年には約 22 万人に達している.　その多くは語学留学生，企業勤務者・起業家，結婚移民，技能実習生である.　一方，韓国・朝鮮系は日韓関係に左右され，2010 年まで増加傾向にあったが，その後はビジネス，留学ともに冷え込み，減少が著しい.　フィリピン人，欧米系は，2010 年代まで安定した数を維持してきたが，近年は就業機会の減少から，停滞ないし減少傾向にある.　これに代わって著しく増加しているのは留学生，技能実習生として来日するベトナム人である.　東京の場合，技能実習生は製造業，農業には少なく，全体としてはサービス産業に多い.　インド人は絶対数は少ないものの，一定の人口を維持し，IT 産業等に従事している.

2.　外国人の居住地とすみ分け

　2018 年 1 月現在での外国人人口を区市町村別に見ると，外国人の大部分は区部に居住し，多摩地域は著しく少ない.　その区部の中で最も外国人が多いのは新宿区の 4.2 万人であり，次いで江戸川区 3.3 万人，足立区 3.0 万人，豊島区 2.9 万人，江東区 2.8 万人である（図 6.2.2）.　かつては都心及び特定区への集中がみられたが，近年は拡散傾向にある.

　一般に，私たち日本人も含めて，住み慣れた母国を離れ，他国で居住する場合，生活に不可欠な情報が必要である.　その多様な情報を提供し，生活の手助けになるのが，すこしでも先に日本に居住した同胞である.　それらは先行的なコミュニティを形成し，それは後からやってくる人びとにとって多様な情報を提供してくれる頼もしい存在である.　そのためにできるだけ先行して形成されたコミュニティに近接して居住することが安心を得ることになる.　その結果として民族・国籍別に居住地域が分化するというすみ分け（セグリゲーション）が生じやすくなる.　韓国・朝鮮系の人びとにとって新宿，荒川，そして足立の各区はかつての集住地域であったことが，現在の分布にも反映している.　中国人は最も数が多く，多様な場所で居住していることから区部全体に拡大している.　それでもかつての集住地区であった新宿区，

写真 6.2.1　江戸川区西葛西のグローバルインディアン
　　　　　　インターナショナルスクール
　　　　　　撮影：上野和彦，2019 年 10 月

豊島区の割合が大きい．一方，近年人口を増加させているベトナム，ネパール，タイ，ミャンマーなどは，多様な情報が入手しやすく，かつ就学・就業機会も多いことから，新宿区に集中する傾向があり，一定のコミュニティを形成している．また，IT 系の産業に従事する比率が高いとされるインド人は，都心地域から東へ江東区，江戸川区に集中し，2006 年に子どもたちのために江戸川区西葛西にグローバルインディアンインターナショナルスクールを誘致した（写真 6.2.1）．一方，古くから東京に在住している欧米系は，外国大使館等が立地する港区など都心周辺に居住している．

しかし，東京における民族・国籍別の居住地のすみ分けは外国の大都市ほど明確ではない．逆に，東京区部は全体として多様な民族と国籍の人びとが混在して居住する状況が一般化しつつある．外国人最大の居住地である新宿区にしても中国と韓国が大きな民族集団を形成しているが，居住人口 200 人以上の国は 15 の国・地域，1 人以上だと 140 の国と地域に及んでいる（2018 年，東京都「外国人人口」）．ダウンタウンで日々出会う人びとも多様化し，耳に聞こえる言葉も中国語，韓国・朝鮮語だけでなく，東南アジア系の抑揚と音が増

え，多言語多文化社会が日常生活の中で現実化しつつあることを実感させられている．

3.　共生のまちづくり－豊島区

3.1　外国人の分布

外国人に限らずいろいろな価値観と経験，そして祈りの違いをもつ人びとが同一場所で生活するためには，それぞれの多様性をどれだけ認め，行動できるかが重要になっている．すなわち，「共生」とは字のごとく「ともに生きる」ことであり，「共生のまちづくり」とは，「ともに生きる」ために相互の多様性を認め，その実現に向けて行動していくことが求められる．

東京都豊島区は新宿区に次いで外国人数および住民人口に対するその比率が高い地域である．外国人の出身国数は 130 か国以上にのぼる．2018 年 1 月 1 日現在豊島区は人口 28.9 万人を数えるが，その内外国人が 2.9 万人と住民人口の 10%を占める．豊島区居住の外国人を国籍別に見ると，中国人が全体の 43.0%を占めるが，ベトナム人 11.9%，ネパール人 11.7%，韓国人 8.4%，ミャンマー人 7.3%など，中国人のみならず多民族化が進展し，それも東南アジア系の人びとが占める比率が大きくなっている（表 6.2.1）．

豊島区の外国人居住地を町丁別に見ると，ほぼ区内全域に居住しているが，池袋駅周辺，山手・埼京線周辺の町丁に多数が集中している（図

表 6.2.1　豊島区における国籍別外国人構成（2018 年）

順位	国名	外国人数	構成比（%）
1	中国	12,469	43.0
2	ベトナム	3,443	11.9
3	ネパール	3,383	11.7
4	韓国	2,439	8.4
5	ミャンマー	2,121	7.3
6	台湾	1,258	4.3
7	ヨーロッパ	922	3.2
8	北アメリカ	525	1.8
9	その他	2,450	8.4
	計	29,010	100

資料：東京都の統計「外国人人口」Web 版より作成

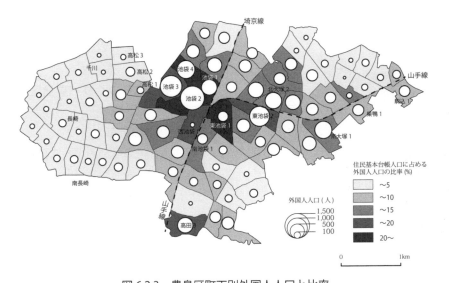

図 6.2.3　豊島区町丁別外国人人口と比率
資料：豊島区「町丁別の世帯と人口，住民基本台帳」，2019 年 1 月 1 日現在より作成

6.2.3). 一方，区西部の長崎，南長崎，千川地区などの住宅地域は外国人の居住は少なくなる．最も外国人人口が多いのは，池袋 2 丁目（1,440 人）であり，次いで池袋 3 丁目（1,152 人），東池袋 2 丁目（1,012 人），池袋 4 丁目（800 人）である．また，出身国によっても居住地が若干異なり，中国・ベトナム・ネパールは池袋地区，韓国は東池袋・西池袋，ミャンマーは北大塚・南大塚の割合が高い．これらの地区の中で，とくに池袋駅北口周辺は「池袋チャイナタウン」と呼ばれ，1980 年代末以降日本にやってきた「新華僑」たち（東北系・福建系中国人）によって形成された新しいまちであり，多様な飲食・サービス業が立地している（山下，2010）．一方，池袋駅周辺でも，西池袋・南池袋は外国人だけでなく，日本人の居住者も少ない．これは駅周辺における商業地域発展の様相が異なり，とくに山手線を挟んで西は中小零細な商業・飲食業地域として発展し，東はデパート，大型家電ショップなどを中核として成長した経緯が影響している．また西池袋の駅南地区は再開発されて，ホテル・大型商業施設が立地した．それらが外国人の就業・居住機会の地域差と集中度の違いにあらわれている．

ところで外国人の人口分布はその絶対数のみが問題ではなく，日本人人口に対する比率も重要である．外国人が多くても日本人がそれ以上に多ければ地域の性格が著しく変化したり，外国人との共生の課題が顕在化する可能性は低下する．その意味で池袋駅周辺の池袋・西池袋・東池袋は町丁別人口に占める外国人比率が 20％を超える地域が分布し，その周辺地区も外国人人口比率 15％以上となり，まさに町丁単位での国際化が進展し，共生のあり方が問題化する可能性がある．

3.2　外国人の暮らし

すでに指摘したように，まちには多様な外国人が居住し，日本人及び自らと出身国を異にする外国人も含めた共生が求められている．一方，外国人は，出身国のみならず，在留資格とそれによる在留期間，年齢も多様であり，くらしの中での課題も多岐にわたる．図 6.2.4 は外国人の日常のくらしに対する不便・不満のアンケート結果である．外国人の多くは経済的基盤が脆弱であり，生活費，収入，物価に対して敏感であり，それに対する税，さらに永住者は年金にも関心がある．こうした経済に次ぐ問題は，文化の違いによるさまざまな軋

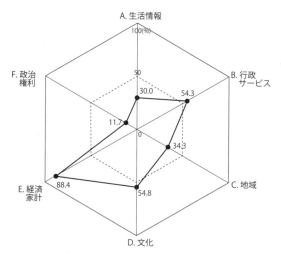

A. 住宅，病院・医療，子育て・教育，災害時の対応，公共交通機関，買い物
B. 相談窓口・行政手続き，役所・銀行手続き，外国人支援拠点，街中の多言語対応
C. 友人知人が少ない，住まい・周辺の安全，近所との付き合い，日本人とのトラブル，外国人コミュニティ
D. ことばのこと，日本人の偏見・差別，母国の食品・衣類の購入，風俗・生活宗教の違い，職場での人間関係，食事のことハラール，趣味・娯楽，他国籍者とのトラブル
E. 税金，物価，収入，年金，仕事，生活費
F. 選挙権

図 6.2.4　豊島区外国人の日常のくらしの不便・不満（複数回答）
注）豊島区が20才以上の外国人5,000人を対象に実施・回収．回収率25.1%．2015年12月実施．
資料：豊島区(2016)：『豊島区外国人区民意識調査報告書』，p.60より作成

鑠と行政サービスである．とくに前者は偏見・差別，宗教の違いによる摩擦，食のあり方に及び，この問題は単に日本人対外国人という構図のみでなく，出自による文化摩擦の存在を示している．一方，区内および町内レベルでのトラブルや近所付き合いを問題とするのは30数%でそれほど高くはない．しかし，住まいや周辺の安全や近所との付き合いなども外国人の不満の原因になっていることも確かである．不便・不満が最も小さいのは政治的課題である．しかし日本に長期に居住し，仕事をし，税金等も納めているのに，選挙権はないという不満がある．外国人永住者において，国政選挙権の問題はとりあえずおくとしても，地方参政権問題に不満があることを示している．

こうした外国人の不便・不満を1つずつ解消していくことが共生の実現に向かう第一歩である．豊島区は外国人に対して，コミュニケーション支援（多言語による情報提供，サイン表示，日本語学習機会の提供），生活支援（多言語での相談，行政手続き，子育て教育支援，災害情報提供），人材養成など，多様な支援事業を行っている．

しかし，豊島区の外国人のうち在留資格で60%以上を占める留学生や就労者（含技能実習生）などの若い世代に対し，基礎的な生活情報を伝達する方法として，プリントされた紙の情報，対面式の相談窓口だけでは周知が難しく，SNSやスマートフォンなどを利用した方法も重要な手段となりつつある．豊島区は"としまななまるちゃんねる"（動画投稿サイト YouTube）の中で，留学生が生活する上で重要な生活基本情報を解説する動画「はじめて豊島区にすんでみた〜留学生編」（税金・健康保険，医療保険，生活費の目安，トイレ，ごみ，交通，防災，相談窓口，日本語学習と交流，豊島区を楽しむなどの10テーマ）を制作し，配信している．この動画は英語やベトナム語，ネパール語など7言語に対応している，例えば，税金・健康保険編では，「みんな，国民健康保険に入らないといけないんだって！」という1分49秒の動画で男女の2人の中国とベトナムの留学生が対話をしながらルビ付きの日本語も示して解説している．

さて外国人が日本で生活するにあたって，地域社会とのトラブル発生の原因の1つには，いわゆる「ゴミ出し」をめぐる問題がある．ゴミ処理問題は，町丁範囲より狭いゴミ搬出地域においてトラブルや近所づきあいの難しさの原因となっている．それ故，生活に関する情報の多言語化は，行政サービスのみならず，住民間のトラブルを軽減する第一歩である．そこで豊島区はゴミ・資源の分け方・出し方について，まず日本語・英語・中国語・韓国語のポスターをゴミ集積所に掲示した．さらに近年増加しているベトナム人，ミャン

図 6.2.5　多言語表示のゴミ収集案内（標題のみ）
日本語・英語・中国語・韓国語・ベトナム語・ミャンマー
語・ネパール語の 7 言語.
資料：豊島区 HP 掲載のパンフレット（PDF 版）より
作成

写真 6.2.2　池袋駅北口の多言語表示案内地図
（日本語・英語・中国語・韓国語）
撮影：田部俊充，2019 年 5 月

マー人，ネパール人に対応して，各国言語による
ゴミ出しルールと方法に関するポスターを作成
し，掲示し，HP 上でも公開している（図 6.2.5）.
　外国人住民に対する情報提供の多言語化は，都
市の中で起こる多様な災害への対応においても必
須のことである．これには日本人自身の多言語
対応能力の育成も含まれる．このことはすでに
数 10 年以前から取り組まれてきたことでもある.
1 つのエピソードとして，東京消防庁は当時とて
も細身だった大学院生を採用した．それは彼が中
国語と聞き取り調査の能力が抜群であったからで
ある．彼は下町の消防署に配置され，火災の後処
理や防災活動を行ってきた．後に彼は体力的にも
消防士らしくなった．池袋防災館によれば，東京
消防庁内で外国人対応は 10 名程度の組織で，多
様な災害，事故，救急救命等に対応している．人
材不足は他の消防署に勤務する語学力（英語，中
国語，韓国語，フランス語など）の高い約 20 名
の職員が兼務して協力しているという．しかし，
事案発生の数と日本に居住する外国人の出身国の
多様化からすれば，その人材の少なさは否めない.
　さて，多くの外国人にとって日本での留学，就

労，居住ははじめてのことであり，まず自分がど
こにいて，どこに行けばよいのか不安である．そ
のためには多言語での案内地図・誘導・位置・規制・
説明サインが必要である．それはスマートフォン
アプリによる地図情報によって若干解消されたと
はいえ，まちの多言語化もまた重要である．池袋
駅北口に多言語表示案内地図（日本語・英語・中
国語・韓国語）があり，案内所，広域避難所，消
防署，銀行，バスターミナルなどが表示されてい
る（写真 6.2.2）．できれば緊急性の高い AED の
設置地点なども表示されているとよかった．どの
ような情報を，どのような方法で表示するか，課
題を残している．それはまた，まち中の様々なサ
イン（位置，誘導，規制，説明）の多言語化も，
また同様である.
　豊島区は，外国人との共生のために多言語対応
を進めている．しかし，豊島区における外国人出
身国はきわめて多く，1 国 1 言語という多言語対
応には限界がある．こうした中で共生を指向する
ならば，日本人と外国人，双方の外国語学習機会
の確保や拡大が必要である.

（田部俊充）

コラム5

東京で学び，働き，ビジネス展開する外国人

何事にも辛抱強く，勇気をもってチャレンジする中国人．言葉や文化の壁がありながら，世界に飛び出す気風には驚かされ，華僑の伝統を感じる．

1978年12月三中全会以降，中国の改革開放政策は，国内の人々の世界に飛び出す力をさらに倍増させた．日本も1990年代半ば以降，中国人留学生が著しく増えたが，学内に満足な宿舎もなく，中国語を話す事務職員もいないなど，留学生受入体制は十分ではなかった．それでも彼ら彼女らは劣悪な学習環境で皆熱心に勉強した．

留学生Aは2001年8月中国浙江省のS大学日本語学科を卒業し，翌年日本のK大学研究生となり，猛勉強して2003年Y大学の修士課程に進学した．その後博士課程に進んだが途中で断念し，日本でIT系企業に勤め，日本人と結婚した．この頃から幼少期より抱いていたファッションデザイナーへの想いが強くなり，服飾専門学校で学ぶことを決意し，幼児を抱えながら3年間服飾デザインを学んだ．服飾学校在学時はいくつかの賞もとり，卒業後2年間教員として勤めた．

服飾学校退職後にまさにチャイナネットワークを駆使したビジネス展開が待っていた．初期の洋服作りと販売は，東京日暮里の繊維街で必要な生地と副資材を購入し，手作りで"オンリーワン"の洋服を作り，インターネット上で販売した．しかし，少品種小ロット高付加価値製品はインターネット上では売れず，抜本的な発想転換が必要となった．すなわち，デザイナーとしての斬新性と創造性を維持しつつ，それをいかにローコストで生産・販売するかが課題となった．具体的には，母国中国におけるファッション製品の生産システム（生地調達と縫製工場の確保）を低コストで構築することである．しかし，そのためには製品・資材の輸出入という貿易業務を伴うため正式な会社設立が必要になり，Aは家庭の主婦でありながら資本金300万円の会社を設立し，社長となった（在留資格は永住）．彼女はそうすることにあまり躊躇はなかったという．夢"チャイニーズ＆ジャパニーズドリーム"を実現するために行動する彼女の親戚・ファミリーは，中国，香港，カナダ，アメリカにいて，日々情報交換が行われ，会社設立は彼女としては特別なことでもなく，普通の行動なのである．

A企業のビジネスネットワークはきわめてローカリティにあふれている．販売に関してはやや量的に多い大手衣料・雑貨企業経由を除けば，個人向けのネット販売が主体であり，生産ロットは10枚以下が一般的である．そのために中国で小ロットでも受注する縫製工場とそれを日本に配送してくれる貿易会社の発掘が必要になった．A企業によれば貿易会社は大学時代のクラスメートであり，縫製工場aも管理してくれるという．縫製工場bはもともとAの父親の知人・友人であり，そこを通して省内各地の縫製工場に発注されるという．まさにチャイナ・故郷コネクションの真骨頂である．Aは時々帰国し，生地を調達し，縫製ネットワークを点検している．

（上野和彦・椿真智子）

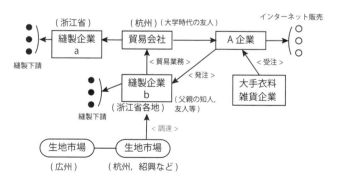

図コラム5.1　A企業のビジネスネットワーク
資料：A企業からの聞き取り調査による．

第7章　世界・日本・東京

第1節　世界・東京・地域

1. 世界の都市ランキング

世界都市 world city, global city とは，そこにヒト・モノ・カネ，情報が集中し，それらを多様な創造活動につなげることによって，世界の動向に影響を与えることができる都市を意味する．いわば世界の誰もが注目する都市である．こうした都市は一朝一夕に形成されたわけではない．ヒト・モノ・カネ，情報が集中するためには国家による多様な政策も必要である．

森記念財団都市戦略研究所は世界の都市を経済，研究・開発，文化・交流，居住，環境，交通アクセスの6分野で評価し，順位づけをしている．2018年10月公表の概要版によると，東京はロンドン，ニューヨークに次いで第3位にランク

している．東京が世界の都市の中で評価が高くなっているのは，経済（GDP等）と研究・開発（特許出願数など）の評価が高く，文化・交流，交通アクセスも比較的高評価されていることが，総合順位を押し上げている．しかし，居住の評価はやや低く，また環境分野が全体ランクを下げる要因となっている．東京の環境分野の評価は低いが，総合ランク第1位，第2位であるロンドン，ニューヨークの評価も低く，大都市の環境問題は大きな課題となっている．ちなみに環境分野の評価が高い都市はストックホルム（スウェーデン），チューリッヒ（スイス），コペンハーゲン（デンマーク）である．

森記念財団以外の直近の都市ランキングにおいても東京は世界都市ランクの10位以内（A. T.

表 7.1.1　世界の都市総合力ランキング（GPCI）

順位	都市名	総合得点	経済	研究・開発	文化・交流	居住	環境	交通アクセス
1	ロンドン（イギリス）	1692.3	351.2 (2)	188.3 (3)	371.8 (1)	352.8 (11)	176.3 (19)	251.8 (2)
2	ニューヨーク（アメリカ）	1565.3	358.2 (1)	227.1 (1)	276.8 (2)	306.4 (28)	167.4 (25)	229.4 (3)
3	東京（日本）	1462.0	307.6 (3)	189.1 (2)	226.3 (4)	358.5 (9)	152.0 (29)	228.4 (5)
4	パリ（フランス）	1393.9	228.5 (20)	135.1 (9)	255.2 (3)	351.3 (12)	169.6 (21)	254.1 (1)
5	シンガポール（シンガポール）	1310.6	256.2 (9)	137.8 (8)	203.7 (5)	320.2 (22)	184.2 (13)	208.4 (9)
6	アムステルダム（オランダ）	1265.9	240.1 (13)	94.2 (18)	149.7 (12)	369.2 (2)	185.1 (12)	227.5 (6)
7	ソウル（韓国）	1237.5	238.9 (15)	155.9 (6)	158.5 (10)	312.9 (25)	163.9 (27)	207.4 (10)
8	ベルリン（ドイツ）	1232.2	209.3 (26)	113.8 (12)	180.5 (7)	384.5 (1)	195.0 (9)	149.1 (29)
9	香港（中国）	1204.9	274.9 (5)	118.4 (11)	146.5 (15)	306.5 (27)	145.4 (32)	213.2 (8)
10	シドニー（オーストラリア）	1200.7	265.2 (8)	95.4 (17)	141.0 (19)	344.0 (15)	216.7 (4)	138.4 (32)

注）総合得点は2,600点満点．（　）内は分野別順位．
出典：森記念財団都市戦略研究所『都市総合力ランキング概要版』2018年

カーニー社：グローバル都市指標4位,
フィナンシャルタイムス：メガシティ総
合評価3位,エコノミストインテリジェ
ンスユニット：世界の都市競争力ランキ
ング第6位)と世界都市としての地位
を築きつつある.とくに経済活動の基盤
となる人口は1,300万人で,そのGDP
は約10,572億ドルと巨大である.これ
をニューヨーク市と比較すると,市の
人口820万人,GDP約6,014億ドルを
大きく上回っている.また1人当たり
GDPで見ても東京の8万1,323ドル(円
換算で約846万円)に対し,ニューヨー
ク市は7万3,252ドル(約806万円)と,
東京の経済力の高さと豊かさを示してい
る.

表7.1.2　世界の主要株式市場（2019年2月末）

証券取引所	上場企業数 （社）	時価総額 （億円）	売買代金 （億円）
東京証券取引所	2,621	6,143,958	1,003,130
ニューヨーク証券取引所	2,306	25,536,002	3,232,709
ロンドン証券取引所	1,158	5,577,572	426,144
ユーロネクスト	1,255	5,351,093	391,299
ドイツ取引所	515	2,390,044	310,025
ジャスダック	682	88,043	14,040
マザーズ	278	57,459	48,065
ナスダック（米）	3,057	12,203,065	2,883,984
AIM（英）	913	142,380	4,292
アジアの株式市場			
上海証券取引所	1,462	5,305,107	1,096,966
香港取引所	2,331	4,667,316	528,411
インド国立証券取引所	1,928	2,167,313	202,552
韓国取引所	2,190	1,677,431	361,993
台湾証券取引所	946	1,125,054	113,969
シンガポール取引所	740	796,635	33,497

注）時価総額と売買代金は,2019年2月末の為替レートで円換算.
出典：http://www.nicmr.com/nicmr/data/market/stock.pdf
　　　（野村資本市場研究所）

　しかし,東京の経済はモノやサービス
の生産と消費は人口規模に対応して大きいもの
の,資本を集め,それを投資し,企業を成長させ
るという金融的役割が弱い.表7.1.2は世界の主
要株式市場を見たものである.ニューヨーク証券
取引所は上場企業数は2,306とナスダック,香
港取引所,東京証券取引所より少ないが,その時
価総額はナスダックの2倍,東京の4倍,また
売買代金も東京の3倍を示し,東京の金融機能
の弱さが指摘される.それは時価総額,売買代金
において上海,香港いずれも東京に迫り,すでに
上海は売買代金で東京を上回り,アジアの金融機
能の中心都市の座を争うようになっている.

　日本の個人金融資産が預金・貯金として存在し,
それが"成長"のための資金として活用されてい
ないという.そこで資産の運用を国際的枠組みで
図る金融機関と人材の開発が必要とされる.都内
における外国銀行は60行程度で,香港,シンガ
ポールの半分程度である.そのために国際的な資
産運用業やフィンテック企業の育成と集積を促す
ことが必要であり,それが金融都市東京の発展方
向であるという.

　東京は金融機能のみならず,外国人・日本人を
含めてビジネスの誘致と活動のために,国と連動
して特区の形成・規制緩和を進めている.それは
外国人に対するビジネス上の在留資格や手続き相
談,そして内外の企業オフィス等の受け皿となる
都心部の再開発に伴う建築等の規制緩和である.

2. 豊かさの配分

　東京のGDP規模,1人当たりGDPは大きい.
しかし,それはGDPの計算であって,生活実感
としての所得とは異なっている.東京における
2017年の1世帯当たり課税対象所得の平均を見
ると,412.3万円である.しかし,2007年の同
所得は451.5万円と高く,この10年間に課税対
象所得が低下している.

　この世帯当たりの課税所得を区市町村別に見る
と,最も多いのは港区の1,088万円,次いで千
代田区の993.2万円,渋谷区764.8万円,中央
区658.6万円である.一方,最も低いのは檜原
村186.5万円,奥多摩町の211.4万円である（図

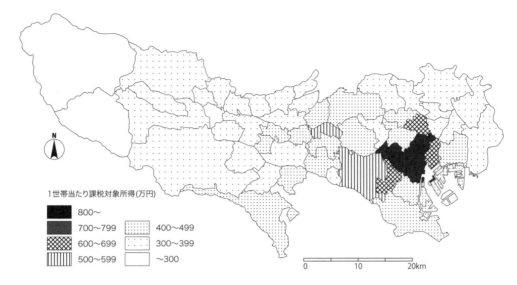

図 7.1.1　区市町村別 1 世帯当たり課税対象所得（2017 年）

注）課税対象所得とは，各年度の個人の市町村民税の所得割の課税対象となった前年の所得金額.

資料：総務省「2017 年度市町村税課税状況等の調」より作成

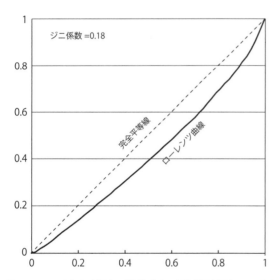

図 7.1.2　区市町村別 1 世帯当たり課税所得（2017 年）のローレンツ曲線とジニ係数

資料：総務省「2017 年度市町村税課税状況等の調」より作成

7.1.1）．東京の 53 区市町村（島部は除いて）の中で平均 412.3 万円を超えるのは 20 区市であり，半数以上の区市町村が平均を下回っている状況にある．そこで東京における 1 世帯当たりの課税所得の都市内格差を見るためにローレンツ曲線を作成し，ジニ係数を算出した（図 7.1.2）．東京

の区市町村地域間の 1 世帯当たり課税所得のジニ係数は 0.18 であり，日本全体との係数と比較しても小さい．しかしながら 2007 年のジニ係数は 0.14 であり，課税所得の都市内格差はわずかながら拡大している．それは高齢化の地域差などの影響が含まれているが，翌年のリーマンショックによる経済停滞が 10 年後の現在も影響し，市民レベルの所得が未だ回復していないともいえよう．

　東京はリーマンショック以降，経済の建て直しのために金融をはじめ，土地利用，建築など多様な規制緩和によって経済発展をめざし，東京はその先頭にたって都心地区における大規模な再開発を進めた．そして 2020 年 7〜9 月東京オリンピック・パラリンピック開催は東日本大震災からの復興を謳いながら，現実は都心及び周辺地区の成長をもたらし，それ以外の地域経済および世帯の所得向上につながっていない．

　東京の豊かさが国内諸地域と市民の所得に還元する仕組みが必要である．

（牛島庸介）

第2節　情報と文化の発信

1．情報と文化の多様性

　巨大な企業が個人の様々な行動情報を収集し，それをAIで分析し，さらなる企業戦略を打ち立て行動する．21世紀は情報をめぐる社会となった．

　しかし，人びとやその組織の1つである企業があらゆる情報を探索し，体系的に整理し，ストックしておくのはほとんど不可能である．現実には他者が収集し，整理し，多様な手段で流通する情報を受けとり，消費しているのである（図7.3.1）.

　情報の内容，いわゆる情報コンテンツはきわめて多様であり，それはパーソナルなものから学術・研究・開発，社会，地域，ビジネス，そして芸術・芸能まで，しかも国内だけではなく世界のあらゆる出来事まで含んでいる．この情報コンテンツと発信方法は大きく3つのタイプに分けられる．第1は，コンピュータ処理が可能な情報コンテンツであり，それを整理・分析するためのソフトウェアの制作である．この範疇にはB to B, B to C, そして個人情報の収集と処理などのあらゆる情報処理コンテンツとそれを伝達するインターネット

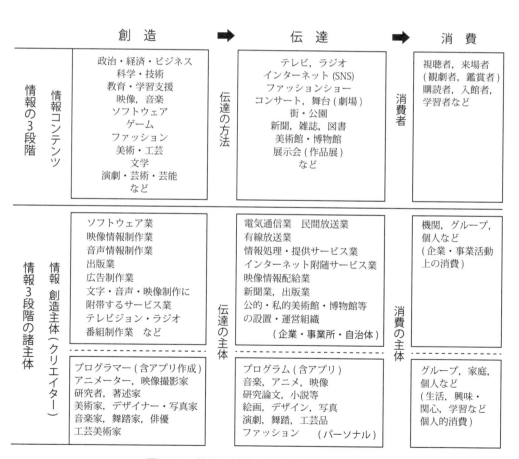

図 7.2.1　情報の創造・伝達・消費の構造図
資料：各種統計指標より作成

関連のサービス業が含まれる．第2の情報コンテンツは人文・社会科学，自然科学の研究成果，芸術・芸能，文学作品，服飾文化，また人間の知的興味と感性を豊かにする情報である．それらをクリエイトするのは，豊かで多彩な感性と技術・技能をもつ研究者，著述家，美術家，写真家，伝統美術家，デザイナーなどである．そしてこれらの情報発信の場が，学術的な学会，美術展，展示会，公演，ファッションショーであり，そして紙媒体の出版などである．

これらの情報コンテンツにおいて"創造"という作業は人間の感性によるものであるが，伝達手段は多様である．とくに音楽，演劇などではコンサート，舞台公演を通じて直接対面する伝達方法が人間の感性を呼び起こし，感動をもたらすという点で重要である．しかし，文化の伝達・消費の大衆化という側面では，音楽や映像はレコード・ビデオテープから CD・DVD となり，さらにコンピュータ・スマートフォンに内蔵され，今日ではストリーミング配信による消費が主流になりつつある．すなわちコンテンツ作成は人間の感性によるものであるが，伝達・消費はデジタル化が著しく進んでいる．

第3の情報コンテンツはこれまでに博物館・美術館等にストックされた歴史，科学，美術，工芸品，そして考古学的コンテンツである．これらの情報はコンテンツ自体が物語るものであるが，多くの場合，それらを保管・展示・公開する博物館・美術館等が発信する情報が主体である．

本節は第1と第2の情報コンテンツに関して主に国内における東京の地位について考察する．

2.　情報通信業の東京集中

情報コンテンツの創造・伝達は，いわゆる情報通信業が担っている．東京は全国情報通信業事業所数の 34.5%，従業者数の 51.7% を占め（2016年），きわめて集中度が高い．しかし情報通信業の業種・業態によって東京集中度には差がある（表7.2.1）．以下，集中度はおもに従業者数の対全国比を指標とする．

多様な情報は，新聞，ラジオ，テレビなどによって伝達され，全国に拡散する．それを担ったのが東京をはじめ各地の新聞業，有線放送業，民間放送業などである．新聞業は文字による情報伝達手段としてはきわめて重要であり，地方紙の役割もきわめて大きい．そしてテレビ，ラジオなども東京の系列下に入りながらも，地域のテレビ．ラジオ局として一定の役割を果たしている．そのためこれらのメディアは分散化し，東京への集中度はやや低い．また，通信手段として重要な役割を果たしてきた電信・電話，いわゆる固定電気通信業は次第に光回線利用に転換され，その回線を保持する NTT のシェアは圧倒的である．しかし NTT は東西に分割され，回線も各地の電力系，CATV などへ提供され，東京への集中度は 50% を下回っている．一方，移動電気通信業（携帯電話事業など）は，ドコモ系，au 系，ソフトバンク系いずれもサービス中枢となる東京への集中が顕著で，従事者数は全国の 63.1% を占める．

こうした東京への集中度は伝達手段の革新が進んだことによる（写真7.2.1）．それは固定電気通信においても通話のみならず多様なデータ（文字，

写真 7.2.1　ドコモタワー（正式名「NTT ドコモ代々木ビル」）
左手は新宿御苑.
撮影：小俣利男，2014 年 4 月

表 7.2.1　情報通信業の構成と東京（2016 年）

産業分類コード	業種	事業所数			従業者数（人）		
		全国	東京	対全国比	全国	東京	対全国比
G	情報通信業	63,574	21,935	34.5	1,642,042	849,374	51.7
37	通信業	2,953	481	16.3	141,910	62,918	44.3
370	管理，補助的経済活動を行う事業所	8	3	37.5	255	135	52.9
371	固定電気通信業	1,073	245	22.8	58,865	28,126	47.8
372	移動電気通信業	331	55	16.6	47,770	30,164	63.1
373	電気通信に附帯するサービス業	1,541	178	11.6	35,020	4,493	12.8
38	放送業	1,952	307	15.7	69,718	22,306	32.0
380	管理，補助的経済活動を行う事業所	10	2	20.0	66	27	40.9
381	公共放送業（有線放送業を除く）	79	2	2.5	13,088	5,355	40.9
382	民間放送業（有線放送業を除く）	936	185	19.8	32,877	10,532	32.0
383	有線放送業	927	118	12.7	23,687	6,392	27.0
39	情報サービス業	34,576	11,050	32.0	1,077,081	545,183	50.6
390	管理，補助的経済活動を行う事業所	242	61	25.2	3,108	718	23.1
391	ソフトウェア業	27,594	8,950	32.4	893,339	459,159	51.4
392	情報処理・提供サービス業	6,740	2,039	30.3	180,634	85,306	47.2
39A	情報処理サービス業	3,999	958	24.0	123,031	50,229	40.8
39B	情報提供サービス業	1,200	378	31.5	17,813	10,159	57.0
39C	その他の情報処理・提供サービス業	1,541	703	45.6	39,790	24,918	62.6
40	インターネット附随サービス業	5,711	2,325	40.7	107,878	74,618	69.2
400	管理，補助的経済活動を行う事業所	28	5	17.9	390	46	11.8
401	インターネット附随サービス業	5,683	2,320	40.8	107,488	74,572	69.4
41	映像・音声・文字情報制作業	18,294	7,740	42.3	243,696	143,108	58.7
410	管理，補助的経済活動を行う事業所	79	27	34.2	825	243	29.5
411	映像情報制作・配給業	4,377	2,158	49.3	61,547	41,903	68.1
412	音声情報制作業	646	398	61.6	5,707	4,744	83.1
413	新聞業	1,337	336	25.1	49,585	18,858	38.0
414	出版業	4,508	2,448	54.3	69,277	46,815	67.6
415	広告制作業	2,773	1,047	37.8	25,368	13,296	52.4
416	映像・音声・文字情報制作に附随するサービス業	4,574	1,326	29.0	31,387	17,249	55.0

資料：『2016 年経済センサス活動調査』参考表 2 より作成

画像，音声データなど）を送信することができるようになり，それが光回線に代わって高速転送と大容量通信が実現できるようになった．この有線回線を基盤とした通信システムに加えて無線での伝達手段が普及し，それらが蜘蛛の巣のように，あらゆる方向に拡散・結合するインターネットという伝達システムが急速に普及した．こうした個人・家庭，企業間の有線・無線回線の利用サービスを提供するのがインターネット付随サービス業である．このサービス業の分布を見ると，東京は事業所数でも約 40％を占めるが，従業員数では約 70％となり，一段と集中度を高めている．それは地方の事業所は一定の顧客サービスと設備の保守管理であるが，東京ではそれらに加えて通信システム全体の管理，多様なサービス提供システムの企画・開発に，多くの人材が必要とされ，東京への集中度が高い．

　情報革命は通信手段の革新によってもたらされたが，情報伝達方法の開発と，情報の創造を担うのが情報サービス業であり，映像・音声・文字情報制作作業，いわゆるコンテンツ産業がそれにあたる．情報サービス業は，東京が半分を占め，集中度が高い．それは東京の経済あるいは企業活動に対応したものである．しかし今後は，インターネットの一層の普及が，ソフトウェア業，情報処理業の立地フリー度を高めていくものと予測される．

　映像・音声・文字情報制作作業は，いわゆるクリエイティブな産業である．東京は多様な情報と文

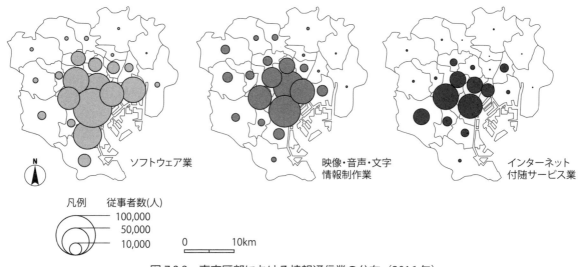

図 7.2.2　東京区部における情報通信業の分布（2016 年）
資料：『2016 年経済センサス活動調査』参考表 2 より作成

化を交錯・融合させながら新たなそれを生みだす場であり，東京発の多様な情報そのものが価値を有する．中でも音声制作業における従事者数は東京が 83.1％，映像情報制作・配給業も 68.1％を占め，東京での創造活動が活発であることを示している．その中には映画（動画），ビデオ，音楽，アニメーションが含まれ，それらのデジタル化が進行している．

一方，情報伝達あるいはコンテンツの形態としては伝統的であるが，東京の出版業は事業所数では 54.3％，従事者数で 67.6％を占めており，デジタル化された社会の中においても紙媒体の図書・雑誌の役割は大きく，地方出版社の停滞の中で東京が果たす割合はきわめて大きい．

さて，東京における情報通信業の分布の特徴については第 3 章第 1 節においても指摘したが，区部への集中が著しく，例えばソフトウェア業，映像・音声・文字情報制作業，インターネット付随サービス業の 3 業種とも都心・副都心の集中度が高く，とくに港区への集中度が高い（図7.2.2）．またインターネット付随サービス業においては都心・副都心への集中が一層高まり，とくに渋谷区やその延長線である世田谷区も割合が高

いことが特徴である．

3. 文化の発信と担い手

さまざまな情報とその伝達手段，さらに作成方法がデジタル化しても，もともとのコンテンツを創るのは人間であり，そこに創造心，オリジナリティが求められる．そしてデジタル化できない技術，工芸，芸術・芸能，ファッションもある．それらを創造するのが専門家集団である．一方，デジタル化技術の発展によって商品化・市場化されない一般大衆による YouTube のような多様な作品もある．2015 年国勢調査によると，専門的・技術的職業の内，クリエイティブな活動に従事していると推定される就業者は 59 万 1,720 人で全就業者数の 1％であり，その内東京は 16 万 2,290人，27.4％を占める．中でも著述家・記者・編集者は全国の 37.3％，同様に音楽家，舞台芸術家は 40.3％を占め，その他の部門も自然科学系研究者，写真家・映像撮影者等は 20％未満であるが，他は 30％以上を示し，研究・文化・芸術においても東京への集中度は高い（表 7.2.2）．それは特化係数においても明らかで，音楽家，舞台

表 7.2.2　専門的・技術的職業における研究・芸術分野の就業者数（2015 年）

専門的・技術的職業		全国	A	東京都	B	C	特化係数
全就業者数（15 才以上）		58,890,810		5,858,070	9.9	100.0	
専門的・技術的職業就業者数		591,720	1.0	162,290	27.4	2.7	2.7
研究者		114,940	0.2	16,980	14.8	0.3	1.5
	自然科学系	108,870	0.2	15,090	13.9	0.3	1.4
	人文・社会科学系等	6,080	0.0	1900	31.3	0.0	3.1
著述家，記者，編集者		104,030	0.2	38,850	37.3	0.7	3.8
	著述家	25,290	0.0	9,710	38.4	0.2	3.9
	記者，編集者	78,730	0.1	29,140	37.0	0.5	3.7
美術家，デザイナー，写真家，映像撮影者		295,610	0.5	75,390	25.5	1.3	2.6
	彫刻家，画家，工芸美術家	37,820	0.1	9,510	25.1	0.2	2.5
	デザイナー	193,830	0.3	53,580	27.6	0.9	2.8
	写真家，映像撮影者	63,970	0.1	12,290	19.2	0.2	1.9
音楽家，舞台芸術家		77,140	0.1	31,070	40.3	0.5	4.0
	音楽家	23,180	0.0	8,150	35.2	0.1	3.5
	舞踊家，俳優，演出家，演芸家	53,960	0.1	22,930	42.5	0.4	4.3

注：1）専門的技術者の内，技術者，保健医療，社会福祉，法務，経営・金融・保険，教員などクリエイティブ
　　　活動とは範疇を異にする就業者は除いた.
　　2）A. 全国の全就業者に対する専門的技術的職業就業者数の割合，B. 全国の専門的・技術的職業就業者数に
　　　対する東京の割合（%），C. 東京の全就業者に対する専門的・技術的職業就業者数の割合.
　　3）特化係数は全国に対する東京の係数.
資料：2015 年『国勢調査』（抽出調査）より作成

芸術家，著述家，記者，編集者は約 4.0 を示している.

　東京は，東京在住者のみならず，多くの研究者，演奏家，芸術家たちにとって最大の活動の舞台であり，情報創造・発信の場である．文部科学省科学技術・学術政策研究所『科学技術指標 2018』によれば，東京の自然科学系論文数，特許出願件数，発明者数はいずれも全国第 1 位で，その全国的シェアは論文数で 20.8 ％（2014 ～ 2016 年移動平均，以下同様）であるが，特許出願では 50.8 ％，発明者は 38.1 ％を占め，科学の応用的分野への情報発信度が高い.

　一方，文化・芸能分野においては，一般社団法人コンサートプロモーターズ協会（ACPC，音楽を中心としたライブ・エンタテインメントを主催する企業などの団体）の年別基礎調査によると，加盟企業 68 社による総公演数は，3 万 1,482 回（2018 年）を数えるが，その内，約 30％が東京で開催され，次いで大阪，愛知，北海道，宮城，広島，福岡が続いている（図 7.2.3）．音楽ライブコンサートの場合，重要な公演環境の 1 つは会場となる施設（スタジアム，アリーナ，ホール，ライブハウスなど）などの存在であり，もう 1 つは観客動員数の基盤となる音楽人口の大きさである．ちなみに，観客動員数の都道府県別統計はないが，関東地方（含山梨）は動員数の 49％（上記年別基礎調査）を占め，東京の観客吸引力の強さを推察させる．いずれにせよ音楽ライブ市場としての東京の地位はきわめて高い.

　ところで音楽ライブ同様に，日本の多様な伝統芸能もまた東京において主体的に公演・発表活動を行い，日本の伝統的な文化を発信している．日本の伝統芸能は邦楽，邦舞，能楽，演芸，歌舞伎，文楽などに分類される．日本演劇協会の監修『演劇年鑑』（2019 年）は古典芸能から現代劇，ミュージカル，演歌歌手のリサイタルも含め，公演回数が劇場別に記されている．年鑑に記載されている主要劇場は 67 を数えるが，東京が 46（68.7％）を占め，多様な芸術公演の機会を与えている．中でも歌舞伎は，それに見合った会場設備・施設が必要である．同時に多彩で手の込んだ演目を上演するのには，衣装部門をはじめ諸部門の多数のス

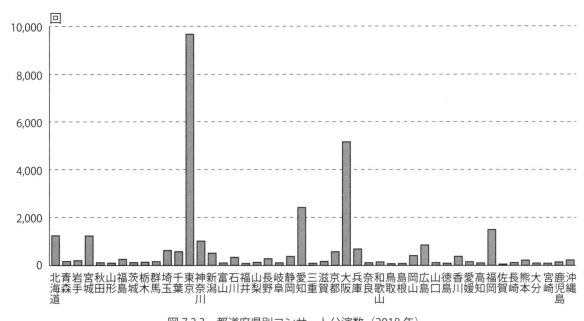

図7.2.3　都道府県別コンサート公演数（2018年）
資料：一般社団法人コンサートプロモーターズ協会（2018）：『年別基礎調査 基本データ』より作成

写真7.2.2　歌舞伎座（東銀座）
撮影：上野和彦，2019年8月

タッフも必要になる．こうした上演環境の特性も
あり，東京の歌舞伎座，国立劇場での公演が顕著
であるが，浅草公会堂，新橋演舞場でも公演され
ている．一方，関西における歌舞伎公演は京都南
座が中核であり，大阪新歌舞伎座はほとんど歌舞
伎公演には使用されてこなかった．その結果，歌
舞伎もまた東京で観ることが定番化しつつある
（写真7.2.2）．

　こうした日本の伝統芸術・芸能と同時に重要な
ものが，東京の"現代"を発信するファッション
である．とくに東京ファッションデザイナー協議
会（かつて日本を代表する世界的デザイナーらに
よって創設）による東京コレクション（年2回），
そして2005年に始まり，若い女性を対象とした
東京ガールズコレクション（年2回）は，ファッ
ションビジネスの具体化として注目されている．
　情報コンテンツによって創造，伝達，消費のあ
り方が異なり，地域的・空間的集中度が異なる．
その中で東京は情報・文化の集中空間を形成して
いる．なお，東京以外の地域においてもそれぞ
れの地域文化の伝統を引き継ぐ多様かつ固有の芸
術・芸能（例えば，農村歌舞伎や祭り）もあり，
文化発信基地として重要である．

（立川和平）

第3節 観光地と観光行動

1. 観光客と宿泊施設の動向

東京を訪れる人の数はとても多い．その訪都目的はビジネス，観光，帰省など，きわめて多様である．2018年の「東京都観光客数等実態調査」によれば，観光としての入込客数は約5.5億人回で（1人が何回も訪れることがあるので人回という単位が使われる），その内日本人が5.4億人回，外国人は1,400万人回である．東京の観光入込客数は2000年代に入って増加したが，2008年

のリーマンショックと2011年の東日本大震災によって減少した．その後は回復基調にある（図7.3.1）．その中で都内在住者は微増し，道府県在住者の入込客数はやや停滞的である．一方，外国人の入込客数は日本人の入込客数の2.5%と小さいものの，増加率はきわめて高い．しかし，訪日外国人の内，東京を訪問する数は近年停滞気味である．それは東京，大阪，京都ばかりでなく，各地域の観光資源が注目され，訪日外国人が北海道，沖縄などへ拡散した結果である．

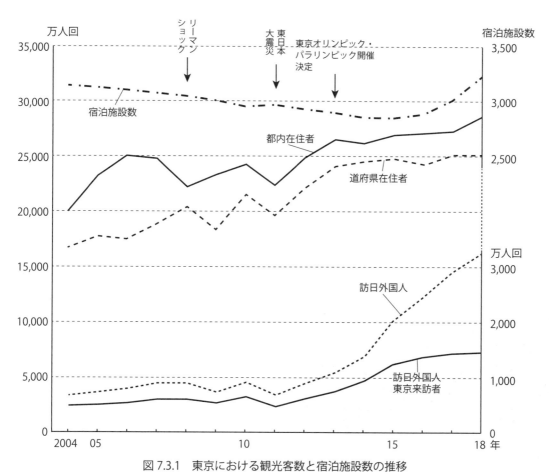

図7.3.1 東京における観光客数と宿泊施設数の推移

注）宿泊施設数は各年3月31日現在．
資料：産業労働局『平成30年東京都観光客数等実態調査』，福祉保健局『福祉・衛生統計年報』より作成

ところで東京の観光入込客数は，日本人の内，東京在住者が2.9億人回，東京以外の道府県在住者は2.5億人回となり，東京在住者は1年に19.2回は地元東京を観光し，東京以外の人も年に2.2回以上東京を訪問する勘定になる．しかしながら，東京の入込客数の51.8％を占める東京在住者の観光消費額は全体の30.8％と小さく，道府県在住者が49.4％と最も多く，外国人が19.8％を占め，後2者の観光消費に対する貢献は入込客数割合に比してきわめて大きい（2018年，東京都観光客数等実態調査）．東京在住者は観光地に行ってもあまり消費せず，道府県在住者は宿泊比率の上昇と，食事や土産等の消費がある．外国人は宿泊せざるを得ず，加えて食事や土産等の消費も大きくなり，結果として地域経済循環に果たす役割が大きくなる．いわゆる中国人の"爆買い"による大きな経済効果もあったが，次第に購入品目を変化させながら沈静化しつつも，依然としてドラッグストア内は中国語表記が目立っている（写真7.3.1）．

さて東京を訪問し，滞在する人びとを受け入れるためには，目的である観光資源とそれを支える多様な都市施設，観光案内システムなどの整備と，宿泊施設が必要である．宿泊施設全体は2010年代まで徐々に減少したが，それ以降は増加傾向にある（図7.3.1）．ホテル，旅館，簡易宿所など

写真7.3.1　ドラッグストア・免税専用レジ
撮影：高木佑也，2019年4月

も同様な傾向を示す．とくに簡易宿所は一時期100軒以上減少したが2018年3月には1,196と著しく回復した（東京都『福祉・衛生統計年報』）．これは外国人観光客の入込によるものと思われる．近年かつての簡易宿泊所をリニューアルした，リーズナブルな料金の宿泊所もある．一方，都心・副都心地域の再開発地には外資系も含めて高級ホテルが建設され，部屋数を増加させている．また，本書のはしがきにもあるように，新築された中層マンションが宿泊施設に転換する例もあり，これも外国人観光客の増加に伴う現象とみられる．

2.　東京の観光資源

東京は複合都市である．観光都市，ビジネス都市，そして生活の街などの表現があてはまる．さて，何が観光資源となるか，それは東京を訪れる人びとによってすべて異なっている．なぜなら「観光」ということが，人びとにとって非日常的な出来事・体験であり，それは人それぞれ異なっているからである．しかし，そうした非日常的体験の共通項を探し，多くの人びとに認められるものを観光資源とみることができる．

東京はむかしから観光資源にあふれた都市，すなわち観光都市であった．『江戸名所図会』は題名にもあるように，江戸の日常の生活を描き，江戸を楽しむ名所の案内書である．金子（1995）はその図絵を4つのカテゴリーに分類し，名所を分析した（表7.3.1）．最も多く描かれている風景は宗教関係が61.3％，次いで社会関係20.6％，自然関係12.3％である．なかでも寺社は最も多く，半分以上を占める．図7.3.2は東叡山寛永寺管内の清水堂付近の花見の様子で，不忍池や弁天島も見える．墓参りも，願かけ詣も，寺社の祭礼に出かけ，その帰りに茶屋で一休みするという，まるで時代劇映画にみる日常的生活の1コマである．一方，江戸名所の対象として自然や地形，市街の様子，年中行事などの割合も大きく

表 7.3.1　『江戸名所図会』図絵内容の分類

	図絵数	内訳	
宗教関係	402（61.3%）	寺社	356
		寺社以外	15
		年中行事	31
社会関係	135（20.6%）	市街	30
		街道	19
		村落	15
		年中行事	5
		その他	66
自然関係	81（12.3%）	自然地形	53
		動植物	8
		年中行事	20
歴史関係	38　（5.8%）	故事	35
		旧跡	1
		古物	2

出典：金子（1995），p.28

表 7.3.2　東京の観光資源とランキング

	合計	地域別分布数			資源ランク		
		区部	多摩	島しょ	S	A	B
博物館・美術館	28	27	1		1	4	23
自然	27	7	4	16		5	22
神社・寺院・教会	24	19	5	0		2	22
建造物	18	17	1			4	14
芸能・興業・イベント	17	16	1		2	5	10
集落・街	16	15	1		1	1	14
庭園・公園	14	12	2			2	12
テーマ公園・施設	10	6	4			1	9
年中行事	9	8	1			1	8
動植物園	7	5	2			1	6
郷土景観	4	3		1	2	1	1
食	4	4			1	1	2
温泉	3			3			3
城跡	1	1			1		
合計	182	140	22	20	8	28	146

資料：日本交通公社『観光資源台帳』（https://www.jtb. or.jp/page-search-tourism-resource/，2019 年 6 月 16 日閲覧）より作成

図 7.3.2　上野・清水堂花見図
出典：『江戸名所図会』巻之五玉衡之部第十四冊

なっている．それは現代でも当てはまる．表 7.3.2 は日本交通公社による現代版観光資源の状況である．東京における最大の観光資源は，博物館・美術館であり，しかもその中には日本を代表する博物館・美術館が含まれる．一方，江戸の歴史・文化を表す神社・仏閣，そして近代における教会などの宗教施設，また近代の幕開けとなった明治から現代までの東京を表現する建造物は，東京の魅力ある観光資源となっている．そして庭園・公園，テーマ公園等も江戸から続く庭園からアミューズメント性に富んだ施設なども多く，魅力的である．

　こうしてみると東京の観光資源はいくつかの特徴をもっている．その第 1 は江戸・明治・大正から引き継いだ寺社・庭園・建造物が豊かな歴史的観光資源として引き継がれていること，第 2 は世界及び日本を代表する科学・技術，絵画や彫刻，工芸品などの豊かな科学と文化を肌で感じ，体験・観賞できることである．第 3 は，先の第 1，第 2 の特徴とは対照的に，東京の今，いわゆる現代性を感じることのできる観光資源の豊富さである．それらはテーマ公園や，都市・街の魅力である．前者は娯楽施設であり，後者は日常的な街の景観でありながら小説，映画，アニメの世界とつながって聖地化し観光地に変化したり，街それ自身が物語性を発信して魅力的な観光地を形成している．そして第 4 に，東京観光地の最大の魅力は複合性と近接性である．東京の現代性を感じる丸の内も江戸城との関係が深く，先の一大博物館・美術館が立地する場所も徳川菩提寺の寛永寺の敷地内であった．また，増上寺と東京タワー（写真 7.3.2），浅草寺とスカイツリーは景観的にもそれを表現している．すなわち，東京の観光は，歴史と現在，近世・近代と現代が交錯し，その景観と雰囲気を同時に味わうことができる空間なのである．

写真 7.3.2　増上寺と東京タワー
撮影：上野和彦，2018 年 5 月

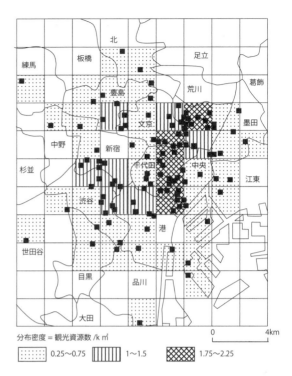

図 7.3.3　東京区部中心地区の観光資源分布
注）区部最外郭の江戸川，葛飾，世田谷，大田各区の計 4
つの資源は地図スペースの都合で省略されている.
資料：日本交通公社『観光資源台帳』（https://www.jtb.
or.jp/page-search-tourism-resource/，2019 年 6
月 16 日閲覧）より作成

　一方，東京の観光資源は地理的にも近接して分布していることが特徴であり，それがまた，観光地としての魅力を引き出している．前掲表 7.3.2 において区部の観光資源数は 140，1km^2 当たり観光資源数（以下，密度）0.22 であり，多摩地域は 22，密度 0.02，島しょ部は 20，密度 0.05 と，区部の密度は多摩地域，島しょ部と比べて 4 ～ 10 倍高い．これを区部中心地区で詳細に図化したものが図 7.3.3 である．すなわち東京の観光資源は 1 辺 2km の区画の中に観光資源が 7 つ以上，1km^2 に 1.75 以上観光資源が分布する区画が出現する．この値は区部平均が 0.22 であるから，その 8 倍以上の分布密度である．具体的には，上野・浅草，秋葉原から丸の内，芝に至るエリアである．この高密度地区に行けば，多様な観光を経験し，楽しみ，学習することができ，まさに東京における観光の複合性と近接性を典型的に表している．この中心地区に準ずるのが新宿，渋谷，豊島，文京の各区に位置する区画である．一方，荒川，足立，板橋，大田の各区などの周辺区には，日本交通公社の基準を満たす観光地がないか，きわめて少なく，空白の区画がある．また，多摩地

域や島しょ部は総体として低密度で，その上，資源所在地が分散していることから，各区画ごとの密度は一層低下し，観光資源の近接性という特徴はきわめて弱い．しかしながら都内の各地域における観光資源がゼロというわけではなく，世界あるいは日本の観光地ではなくてもローカルな観光地は多数にのぼる．例えば，近隣の○○七福神めぐり，○○神社祭礼，歴史上の人物ゆかりの地，小さな博物館，著名な建築家の建造物などである．
　ところで島しょ部を除く東京都内の観光資源は自然を楽しむカテゴリーに属する場所はそれほど多くはない．それ故に自然公園の存在は貴重である．その代表が新宿区の新宿御苑や立川・昭島両市の国営昭和記念公園である．とくに前者は日本交通公社の観光資源ランクでは S ランク（わが国を代表する資源であり，世界に誇示し得るもの，

日本人の誇り，日本のアイデンティティを強く示すもの．人生のうちで一度は訪れたいもの）に位置づけられている．

　新宿御苑は江戸時代における信州高遠藩主内藤家の屋敷の跡地である．1906年皇室の庭園として誕生し，第二次世界大戦後，国民公園となり，現在は環境省の所管となっている．公園の広さは58.3haと広大で，園内には約1,000本の桜が植えられ，来園者を引きつける大きな魅力となっている（写真7.2.1参照）．来園者は1966年をピークに減少の一途をたどっていたが，2010年代には回復傾向となり，2016年に過去最高を記録し，2017年に250.3万に達した（図7.3.4）．しかし，月別の来園者数をみると，3月から4月の桜の開花時期，紅葉の季節となる11月の来園者数が多く，その他の月は少ない．それでも月10万人前後が来園する．バードウォッチングや植物鑑賞，年間パスポートを利用して自然を楽しみながらウォーキングする来園者も多い．新宿御苑は季節，曜日によって，家族連れや高齢者，外国人旅行者といった多様な属性の来園者を集めている．

3.　日本人および外国人の観光行動

　観光客の行先や目的はさまざまである．日本交通公社の2018年『旅行年報』第Ⅰ編日本人の旅行市場の調査の中で，旅行先（都道府県）別の「最も楽しみにしていたこと」への質問項目に対する回答をみる．東京は，「芸術・音楽・スポーツなどの観劇・観賞・鑑賞」が17.5％，「おいしいものを食べること」17.1％，「観光・文化施設（水族館や美術館，テーマパークなど）を訪れること」15.5％，「街や都市を訪れること」10％，「買い物をすること」9.6％と続いている．一方，「文化的な名所（史跡，神社・仏閣）をみること」は6.3％と低くなっている．この調査結果はどちらかといえば東京在住以外の人びとの意向が反映され，自らの地域ではあまり体験できない事項が含まれている項目を選択する比率が高くなっている．それは音楽コンサート，東京で開催されるスポーツイベント，地域では鑑賞できない美術展・科学展などであり，加えて東京での食を楽しむことである．一方「文化的な名所」の比率は低いが，浅草寺は年間3,000万人の参拝者，増上寺も100万人の参拝者，明治神宮は初詣だけで300万人の参拝者があり，神社・仏閣の歴史的・文化的名所は重要な観光資源である．これは観光に行く人びとの在住地と指向が反映された結果と思われる．ともあれ東京の各観光地に対する指向性や実際の入込客数の把握はなかなか困難である．とくに入込客数の把握は公的機関等が運営し，入場料等を課している場合は可能であるが，それ以外はなかなか難しい．
　一方，外国人旅行者の訪問先については東京都による継続的な調査がある．それが『平成29（2017）年国別外国人旅行者行動特性調

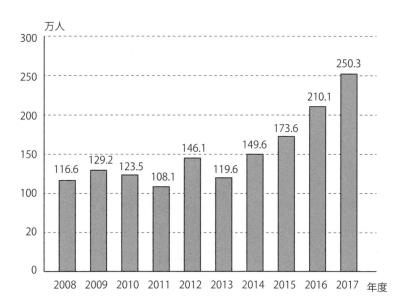

図7.3.4　新宿御苑年間来園者数の推移
出典：http://www.env.go.jp/press/105416.html

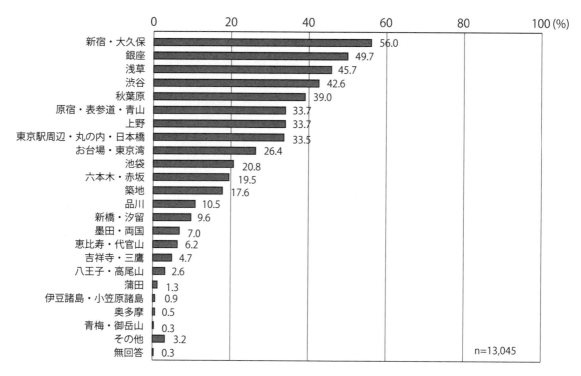

図 7.3.5　外国人観光客の東京での訪問先（2017 年）
出典：東京都『平成 29（2017）年 国別外国人旅行者行動特性調査 結果概要』，p.3

査』である（図 7.3.5）．それによると第 1 が新宿・大久保地区で，次いで銀座，浅草，渋谷，秋葉原と続く．なかでも新大久保周辺は韓国系の居住者を対象とした飲食・サービス業が集積し，それが観光客も引きつけてコリアンタウンとなり，今ではベトナム，フィリピンをはじめアジア系の人びとを対象とするエスニックタウンとなった．それが外国人観光客を吸引する大きな魅力となっている．外国人の訪問先を国別にみると，韓国人は新宿・大久保を訪問した割合が 60％以上で第 1 位であり，香港，タイ，シンガポール，マレーシアなど東南アジア諸国からの観光客もまた新宿・大久保のエスニック性に吸引され，訪問先第 1 位となっている．一方，中国人観光客は 75％以上が銀座をあげ，訪問先第 1 位である．これは中国人観光客の行動体系とも関係し，新宿・大久保も訪問するが，街の歴史性・ブランド性を重視していることがわかる．さて欧米系の観光客が訪問地として挙げるのは，第 1 に渋谷である．フランス人の 75.9％，カナダ人 72.6％，ドイツ人 68.6％，アメリカ人 62.8％，イギリス人 61.9％が訪問先として挙げ，東京の中でも先端的な街として渋谷を認識している．また，アジア系，欧米系の観光客の中には新宿・大久保にも興味を示すが，東京駅周辺・丸の内・日本橋，浅草など，日本の歴史的・文化的な名所も訪問先として挙げ，日本への興味と関心が多様化している．

そして近年は東京の日常生活を構成する街の様子や飲食業も外国人観光客の観光対象となり，観光地としての東京の性格を形作るようになった．

（高木佑也）

参 考 文 献

はじめに

上野和彦・本木弘悌・立川和平（2017）:『日本をまなぶ　西日本編』古今書院，120p.

上野和彦・本木弘悌・立川和平（2017）:『日本をまなぶ　東日本編』古今書院，120p.

東京学芸大学地理学会 30 周年記念出版専門委員会編（1986）:『東京百科事典』国土地理協会，729p.

第 1 章

井出策夫（1977）: 明治期における東京の工業的土地利用. 立正大学教養部紀要，11，pp.15-25.

遠藤　毅（2004）: 東京都臨海域における埋立地造成の歴史. 地学雑誌 113(6)，pp.785-801.

岡本哲志（2009）:『「丸の内」の歴史』ランダムハウス講談社，285 p.

鈴木理生（2000）:『江戸はこうして造られた』ちくま学芸文庫，352p.

地理地殻活動研究センター・小荒井衛・中埜貴元（2013）: 面積調でみる東京湾の埋め立ての変遷と埋立地の問題点. 国土地理院時報，No.124，pp.105-115.

内藤　昌（2010a）:『新装版　江戸の町（上）』草思社，95p.

内藤　昌（2010b）:『新装版　江戸の町（下）』草思社，95p.

内藤　昌（2013）:『江戸と江戸城』講談社学術文庫，253p.

中田乙一編（1952）:『縮刷丸の内今と昔』三菱地所株式会社，p.70.

藤森輝信（2004）:『明治の東京計画』岩波書店，p.383 ＋図版.

村井益男（2008）:『江戸城』講談社学術文庫，209p.

柚木英恵（2010）: 明治初期における武家地の耕作地化が近代東京の市街地形成に与えた影響. 東京大学大学院新領域創成科学研究科修士論文（pdf 版）.

吉田伸之（2015）:『都市　江戸に生きる』岩波新書，252p.

第 2 章

石川義孝編著（2007）:『人口減少と地域―地理学的アプローチ―』京都大学学術出版会，347p.

上野和彦（2015）: 人口の地域構造. 大石　学・上野和彦・椿真智子編『小学校社会科を教える本』東京学芸大学出版会，pp.70-74.

隈　研吾・清野由美（2008）:『新・都市論 TOKYO』集英社，240p.

地理地殻活動研究センター 小荒井衛・中埜貴元（2013）: 面積調でみる東京湾の埋め立ての変遷と埋立地の問題点. 国土地理院時報，124，pp.105-111.

増田寛也（2014）:『地方消滅―東京一極集中が招く人口急減 』中公新書，243p.

三浦　展（2018）:『都心集中の真実―東京 23 区町丁別人口から見える問題』筑摩書房，192p.

山﨑元也・高野美明・大塚　萌（2018）: 東京の埋立地―埋立地の変遷と区の境界線―. 都市計画報告集，16，pp.400-403.

第 3 章

牛垣雄矢（2011）: 地価からみた東京における商業地の階層構造の変化―1975 年から 2009 年にかけて―. 地理誌叢 52(2)，pp.24-34.

尾池和夫・加藤碵一・渡辺真人（2011）:『日本のジオパーク～見る・食べる・学ぶ～』ナカニシヤ出版，199p.

田澤堅太郎（2014）:『火山　伊豆大島スケッチ―改訂・増補版―』之潮，111p.

日本地誌研究所編（1967）:『日本地誌　第 7 巻　東京都』二宮書店，502p.

新沼星織（2009）:「限界集落」における集落機能の維持と住民生活の持続可能性に関する考察―東京都西多摩郡檜原村 M 集落の事例から―. E-journal GEO，4(1)，pp.21-36.

服部銈二郎（1969）:『大都市地域論』古今書院，245p.

桧原村史編さん委員会編（1981）:『桧原村史』東京都西多摩郡檜原村，1,121p.

正井泰夫（2000）:『江戸・東京の地図と景観』古今書院，388p.

松井圭介（2011）:関東：東進する日本の中心．菊地俊夫編『日本』朝倉書店，pp.100-119.

守屋以智雄（1992）:『火山を読む（自然景観の読み方1）』岩波書店，170p.

藪下佳代（2018）:『東京島の旅　伊豆諸島・小笠原諸島』京阪神エルマガジン社，144p.

山鹿誠次（1981）:『新訂都市地理学』大明堂，162p.

Klaassen, L. H., Bourdrez, J. A., and Volmuller, J.（1981）: *Transport and Reurbanization*, Gower Publishing Ltd, 226p.

第4章

荒井良雄・箸本健二編（2004）:『日本の流通と都市空間』古今書院，305p.

石原武政（2000）:『商業組織の内部編成』千倉書房，p.277.

石原　肇（2015）:東京都江戸川区における市場出荷型コマツナ産地の存続戦略．地球環境研究，17，pp.83-100.

石原　肇（2019）:『都市農業はみんなで支える時代へ』古今書院．243p.

板倉勝高・井出策夫・竹内淳彦（1970）:『東京の地場産業』大明堂．297p.

大竹道茂（2009）:『江戸東京野菜　物語篇』農村漁村文化協会．207p.

笠井清志（2007）:『ビジュアル図解　コンビニのしくみ』同文舘出版，228p.

木下安司（2011）:『コンビニエンスストアの知識　第2版』日本経済新聞出版社，203p.

経済産業省　社会インフラとしてのコンビニエンスストアのあり方研究会（2009）:『競争と協働の中で社会と共に進化するコンビニ（研究会報告書）』（PDF版），119p.

佐藤芳雄編著（1981）:『巨大都市の零細工業』日本経済評論社．345p.

坂口美佳子著，藤田千枝編（2008）:『なるほどデータブック①コンビニのしかけ』大月書店，61p.

竹内淳彦（1958）:東京地域における自転車工業の地理学的研究．新地理，6(3)，pp.199-211.

竹内淳彦（1983）:『技術集団と産業地域社会』大明堂．214p.

チューネン，近藤康男・熊代幸雄訳（1989）:『孤立国』（近代経済学古典選集）日本経済評論社，669p.

中塚雅也（2018）:『地域固有性の発現による農業・農村の創造』筑波書房，207p.

服部銈二郎・杉村暢二（1974）:『商店街と商業地域』古今書院，398p.

藤井勝彦（2010）:『「江戸前」の魚はなぜ美味しいのか』祥伝社新書，250p.

吉岡秀子（2012）:『コンビニだけが，なぜ強い？』朝日新聞出版，253p.

鷲巣　力（2008）:『公共空間としてのコンビニ』朝日新聞出版，312p.

第5章

黒崎羊二・大熊喜昌・村山浩和＋り・らいふ研究会（2002）:『密集市街地のまちづくり―まちの明日を編集する』学芸出版社，256p.

越澤　明（2014）:『東京都市計画の遺産―防災・復興・オリンピック』筑摩書房，286p.

鈴木康弘編（2015）:『防災・減災につながるハザードマップの活かし方』岩波書店，248p.

杉本興運（2010）:東京都23区における窃盗犯罪発生の地域性とそのドライビングフォース．日本地理学会発表要旨集（2010年度日本地理学会春季学術大会）.

東京都建設局　中小河川における今後の整備のあり方検討委員会（2012）:『東京都内の中小河川における今後の整備のあり方について（最終報告書）』（PDF版），82p.

東京都都市整備局（2016）:『防災都市づくり推進計画（改定）』（PDF版），397p.

中川智之（2009）:密集市街地整備の課題．日高康男・浅見泰司・遠藤　薫・山口幹幸編『東京モデル―密集市街地のリ・デザイン』清文社，pp.61-76.

中林一樹・竹内裕一・寺阪昭信ほか（1998）:大都市密集市街地の課題と再生．経済地理学年報，44(1)，pp.58-64.

中村八郎（2016）:東京防災と地域コミュニティ―木造密集市街地という難問―．世界，888号，pp.85-93.

藤塚吉浩・高柳長直編（2016）:『日本の都市問題』古今書院，136p.

松田磐余（2013）:『対話でまなぶ　江戸東京・横浜の地形』之潮，247p.

Burgess E. W., McKenzie R. and Park R. E.（1967）: *The City*, University of Chicago Press, 239p.

第6章

風間直樹（2019）：人手不足で単純労働解禁へ．移民解禁，週刊東洋経済，2019年1月12日号，pp.20-21.

芹澤健介（2018）：『コンビニ外国人』新潮新書，224p.

ダヴィド・ハーヴェイ，竹内啓一・松本正美訳（1980）：『都市と社会的不平等』日本ブリタニカ，438p.

竹内啓一監訳，D. M. スミス著（1985）：『不平等の地理学—みどりこきはいずこ—』古今書院，340p.

中川寛子（2018）：『東京格差』筑摩書房，282p.

昼間たかし・鈴木士郎（2016）：『東京23区教育格差』マイクロマガジン社，271p.

福本　拓（2018）：エスニック・セグリゲーション研究に関する覚え書き—日本での実証研究に向けて—．空間・社会・地理思想，21号，pp.15-27.

山下清海（2010）：『池袋チャイナタウン—都内最大の新華僑街の実像に迫る—』洋泉社，191p.

第7章

金子晃之（1995）：近世後期における江戸行楽地の地域的特色．歴史地理学，175，pp.1-21.

鈴木晃志郎・若林芳樹（2008）：日本と英語圏の旅行案内書からみた東京の観光名所の空間分析．地学雑誌，117(2)，pp.522-533.

杜　国慶（2013）：都市観光の特性と旅行者行動，橋本俊哉編著『観光行動論』原書房，pp.187-199.

北条勇作（2001）：都市観光，長谷政弘編著『観光学辞典』同文館，p.268.

Law, C. L. (1996)：*Tourism in Major Cities*, International Thomson Business Press, 266p.

執筆者紹介 (執筆順)

古田 悦造	ふるた えつぞう	東京学芸大学名誉教授	第 1 章第 1 節
上野 和彦	うえの かずひこ	東京学芸大学名誉教授	第 1 章第 2 節. 第 3 節, 第 2 章第 2 節, 第 3 章第 2 節, コラム 2, コラム 5
沖田 耕一	おきた こういち	聖光学院中学校・高等学校	第 2 章第 1 節
石田 典行	いしだ のりゆき	元都立小岩高等学校	コラム 1, コラム 3
牛垣 雄矢	うしがき ゆうや	東京学芸大学	第 3 章第 1 節
小俣 利男	おまた としお	元東洋大学	第 3 章第 3 節
平本 和香子	ひらもと わかこ	大島町立さくら小学校	第 3 章第 4 節
本木 弘悌	もとき ひろやす	早稲田大学高等学院	第 4 章第 1 節
佐々木 智章	ささき ともあき	早稲田大学高等学院	第 4 章第 2 節
内藤 亮	ないとう あきら	東京女学館	第 4 章第 3 節 1 項
木谷 隆太郎	きだに りゅうたろう	都立府中東高等学校	第 4 章第 3 節 2 項
原 芳生	はら よしお	大正大学	第 5 章第 1 節
大矢 幸久	おおや ゆきひさ	学習院初等科	第 5 章第 2 節
有賀 夏希	ありが なつき	株式会社東京地図研究社	第 5 章第 3 節
栗原 清	くりはら きよし	学習院大学	第 5 章第 4 節
沢辺 朋史	さわべ ともひと	都立本所高等学校	コラム 4
永山 淳一	ながやま じゅんいち	学習院初等科	第 6 章第 1 節
田部 俊充	たべ としみつ	日本女子大学	第 6 章第 2 節
椿 真智子	つばき まちこ	東京学芸大学	コラム 5
牛島 庸介	うしじま ようすけ	都立武蔵高等学校附属中学校	第 7 章第 1 節
立川 和平	たちかわ わへい	海城中学・高等学校	第 7 章第 2 節
高木 佑也	たかき ゆうや	駒澤大学高等学校	第 7 章第 3 節

写真提供

中村 康子	なかむら やすこ	東京学芸大学	写真 4.2.1

編者紹介

上野和彦　　うえの かずひこ

　　東京学芸大学名誉教授．1945 年生．東京学芸大学大学院修士課程修了．文学博士．
　　主著：『日本をまなぶ』（西日本編，東日本編）（共編著）古今書院．『地場産業産地の革新』
　　古今書院．『伝統産業産地の行方』（編著）東京学芸大学出版会．

小俣利男　　おまた としお

　　元東洋大社会学部教授．1949 年生．東京学芸大学大学院修士課程修了．博士（地理学）．
　　主著：『ロシア』（訳）大明堂．『ソ連・ロシアにおける工業の地域的展開』原書房．『世界
　　地誌シリーズ 9 ロシア』（分担執筆）朝倉書店．

【東京学芸大学地理学会】　東京都小金井市貫井北町 4-1-1　東京学芸大学地理学分野内

	東京学芸大学地理学会シリーズⅡ　第 4 巻
書　名	**東京をまなぶ**
コード	ISBN978-4-7722-5303-1
発行日	2020（令和 2）年 1 月 6 日　初版第 1 刷発行
編　者	**上野和彦・小俣利男** Copyright　©2020　Kazuhiko UENO and Toshio OMATA
発行者	株式会社 古今書院　橋本寿資
印刷所	株式会社 太平印刷社
製本所	株式会社 太平印刷社
発行所	**古今書院**　〒 113-0021　東京都文京区本駒込 5-16-3
TEL/FAX	03-5834-2874 ／ 03-5834-2875
振　替	00100-8-35340
ホームページ	http://www.kokon.co.jp/　　　　検印省略・Printed in Japan

◆ 東京学芸大学地理学会シリーズⅡ　全 **5** 巻（既刊 **4** 冊）　　B5 判　並製本

第1巻　日本をまなぶ　西日本編
2017 年　9 月刊
第2巻　日本をまなぶ　東日本編
2017 年 10 月刊

上野和彦・本木弘悌・立川和平編　定価本体　各 2800 円＋税
新学習指導要領に準拠した「動態地誌」で日本の諸地域を描く。図表写真は既存資料のコピペではなく、執筆者たちの現地調査やアレンジで作成しているので、教科書や資料集に掲載されていない資料を多数掲載している。中学高校の地理授業、および大学の日本地誌の講義におススメ。

第3巻　景観写真で読み解く地理
2018 年　4 月刊

加賀美雅弘・荒井正剛編　　　定価本体　2900 円＋税
石井實の「地理写真」など、地理学・地理教育におけるこれまでの写真論をふまえ、現代的な技術・視点で地理学・地理教育への活用を試みたフルカラーのビジュアルな地理学書。地域調査や身近な地域を紹介するときの撮影方法やプレゼン方法、教材に役立つ写真撮影の参考におススメ。

第4巻　東京をまなぶ
2020 年　1 月刊

上野和彦・小俣利男編　　　定価本体　2800 円＋税

続刊刊行予定　　2021 年　　　　　第 5 巻　地図を読む（仮題）

....

◆ 好評！　地理教育の役立つ新刊

地理授業づくり入門 ― 中学校社会科での実践を基に ―
2019 年　9 月刊

荒井正剛著　　　定価本体 2600 円＋税
地理授業はつまらない、何に役立つかわからない…そんな反応に悩む方におススメ。地理教育の根本（新学習指導要領や教育の国際動向）をふまえつつ、筆者の実際の授業実践をまじえて、楽しく学びがいのある授業づくりのための流れや手法を紹介する。必修時代の長い中学校地理授業の手法は、高校の「地理総合」にも実践的に活用でき、中高一貫の地理教育を考える素材にも役立つ。

スマホとPCで見る　はじめてのＧＩＳ ― 「地理総合」でＧＩＳをどう使うか ―
2019 年　9 月刊

時枝　稜・木村圭司著　　　定価本体 2200 円＋税
GIS 教育の「いちばん簡単でやさしい本」。QR コードで地図をすぐに読み込み、プレゼンすることから始まります。地図が開けば、「その地図から読み取れること」が展開して、「地理総合」の教案につながっていきます。「地理総合」に悩む同僚の歴史系の先生にも安心してすすめられる、初心者向けの GIS 本。

◆ 都市地理学の大学基本テキスト

都市の人文地理学
2019 年　9 月刊

稲垣　稜著　　定価本体 2200 円＋税
高校で地理を履修しなかった大学生を対象に、都市について知って欲しい内容を厳選して、コンパクトで平易に解説した大学テキスト。専門的な議論や用語をなるべく避けつつ、都市の見方や考え方を伝える「教養として役立つ都市地理学」の入門テキスト。